U0129469

# 陽明學十講

周志文——著

中华书局

**图书在版编目(CIP)数据**

阳明学十讲/周志文著. —北京:中华书局,2022. 7(2023. 2
重印)
ISBN 978-7-101-15730-7

Ⅰ. 阳… Ⅱ. 周… Ⅲ. 王守仁(1472～1528)-哲学思想-研
究 Ⅳ. B248. 25

中国版本图书馆 CIP 数据核字(2022)第 079462 号

| | | |
|---|---|---|
| 书 名 | 阳明学十讲 | |
| 著 者 | 周志文 | |
| 策划编辑 | 张彦武 | |
| 责任编辑 | 胡正娟 | |
| 书名题签 | 刘 涛 | |
| 封面设计 | 周 玉 | |
| 责任印制 | 陈丽娜 | |
| 出版发行 | 中华书局 | |
| | (北京市丰台区太平桥西里 38 号 100073) | |
| | http://www. zhbc. com. cn | |
| | E-mail:zhbc@ zhbc. com. cn | |
| 印 刷 | 三河市中晟雅豪印务有限公司 | |
| 版 次 | 2022 年 7 月第 1 版 | |
| | 2023 年 2 月第 2 次印刷 | |
| 规 格 | 开本/920×1250 毫米 1/32 | |
| | 印张 8¼ 插页 2 字数 170 千字 | |
| 印 数 | 8001-12000 册 | |
| 国际书号 | ISBN 978-7-101-15730-7 | |
| 定 价 | 48. 00 元 | |

周志文　祖籍浙江天台，1942年生于湖南辰溪。台湾大学文学博士，台湾大学中文系教授，现已退休。主要从事明清学术史、明清文学、现代文学研究，博涉广猎，著述颇丰，其中学术著作有《晚明学术与知识分子论丛》《汲泉室论学集》《论语讲析》等，另有散文随笔集《同学少年》《时光倒影》《家族合照》等。

# 目　录

# 阅读经典，面向未来

杨　渡

　　每一部经典，在书写的当下，都有它的时代意义。其作者理所当然地受当时的政治清浊、经济兴衰、社会环境、文化脉络等的影响，当然，也与作者的身世背景、思想学养、境遇经验等息息相关。

　　经典的阅读与诠释，会随着时代的发展而改变。每一个时代的读者、学者，都依据自身的生命经验，去理解、体悟古人的智慧，写成了不同脉络的诠释。《论语》《孟子》《大学》《中庸》等经典就不用说了，《春秋》有三传，而一部《老子》几千年演化为思想、信仰、宗教、医药、人生哲学等，更是明证。

　　然而，生存于当代的我们，又该如何阅读传统、诠释经典呢？那些古老的格言今天还有何用？那些写作于农业文明的思想，那些两千多年前的良知谏言，那些乱世隐居、放旷的对酒高歌，那些民间传唱的戏曲歌谣，那些流传千年的唐诗、宋词、元曲，还有什么意义？对生存于全球化、工业化、都市化社会的现代人，对被互联网、新媒体所笼罩的当代读者，经典是心灵历经百劫后的归宿，还是复古的逃避？当世界各国的新知识、新思维、新战略不断演化，古老的文明有什么作用？当欧美的物质与文明改变了中国人的传统饮食、生产、消费，乃至生活方式，那些古老的经典有什么当代性的意义？

汤因比曾说过："十九世纪是英国人的世纪，二十世纪是美国人的世纪，二十一世纪是中国人的世纪。"但"中国人的世纪"是什么内涵？他较为明确的说法是：世界已经陷入危机，而解决的方法是中国的儒家思想和大乘佛教。汤因比说这话的背景在1970年代，正是世界面临石油危机，各国为了抢夺资源而征战四起的时代。有限的资源，无限的欲望，个人主义的思潮，让他对西方文明有更深刻的反省。儒家的仁道思想，特别是《礼运·大同》篇所标举的大同世界的景象，相对于为了物质资源不断攻伐的欧美文明，无疑是打动人心的乌托邦。大乘佛教的慈悲与济世精神，也正是挽救资本主义的药方。

19世纪的英国，不是只有坚船利炮、"日不落国"的世界殖民地，还有资本主义、议会制度，以及《国富论》等文化思想。20世纪的美国，也不是只有金融的华尔街、娱乐的好莱坞，还有高科技、资讯产业与全球化思想。21世纪如果是中国人的世纪，那么，中国可以和世界分享的文明或者可以与其他文明分庭抗礼的是什么？

不会是德先生、赛先生，那是欧美的产物；更不会是经济模式，因为在国际分工下，那还不足以称为模式。中国最值得和世界分享的，仍是汤因比所说的——儒家思想。于是，学习中华文化成为欧美的时尚。然而，中华文化之美也不是只有儒家，道家、诗词、戏曲、水墨、陶瓷、禅宗等都是文明的经典，只是缺乏和世界对话的通道。

这就要回到最初的课题:当世界开始研究中华文化,中华文化要以什么方式和世界对话?当我们向世界推荐中华文化,有没有一种当代的语言,一种适合于现代的思维方式,来重新诠释中华文化和经典?

更重要的是,我们足够了解中华文化吗?我们有没有阅读过自己的经典?我们自己要如何重新了解中华文化和经典,并与之对话呢?

关键仍是要有当代的眼光。那不是古老的复制,而是以当代的世界观,面对复杂而不断变易的世情,去重看中华文化和经典中的思想、价值、人格、美感、生命抉择等,并因而对它们的内涵有新的诠释。

是的,了解中华文化、阅读经典不是回到过去,而是为了走向未来。


周志文老师是我三十年的老朋友,学养功底深厚,为人正直,更重要的是,他有一颗敏感的心以及温柔敦厚的性情。他写作的散文,对自己成长的历程,对人生的苦难与国族家史的刻画,既有典雅的历史感,又有一种哀而不伤的韵味。他的作品出版后,获得各方好评。如果由他来主讲,传统的文化和经典将因他的学养与感性,而有更为细致新颖的呈现。

这一本《阳明学十讲》,便是他研究王阳明毕生功力的结晶。学养深厚自不待言,智慧的观察与分析,亦时时浮现。读者会从他的叙述中,感受到王阳明那既倔强又勤思好学、既智慧又幽默、既平实又充满理想主义的人格魅力。

周志文老师认为王阳明一生"立德、立功、立言"三不朽都有所建树,是超越儒家诸子的典范。在此我也狗尾续貂,说一则王阳明"立功"的故事。

1603 年,大航海时代,一艘荷兰船在马六甲海峡俘虏一艘葡萄牙大船"凯萨琳娜号"(The Catharina),船上满载着来自中国福建的货品。

那是一个没有国际公法的时代,欧洲列强来中国南方沿海,得靠港补给。先来到的葡萄牙人在马六甲、澳门、日本做转口贸易,西班牙人在马尼拉建立贸易据点,晚来的荷兰人想抢占据点,就在海上到处打劫。他们这一次抢到的船上满载中国福建漳州的货物,其中以丝绸、瓷器、漆器为最大宗。这些中国商品得来不易,荷兰东印度公司将其运回阿姆斯特丹以后举行大拍卖。船上的青花瓷太漂亮了,卖了高价,引起了欧洲各国的注意。其他如丝绸等也一样,引起了很大轰动。拍卖的总收入有三百四十万荷兰盾,超过荷兰东印度公司成立之时认购资本的一半以上。

人们不知道如何称呼这些漂亮的瓷器,于是以那一艘葡萄牙船的型号"克拉克船"命名为"克拉克瓷"。"克拉克船"是欧洲中世纪发展出来的一种往来于大西洋与其他大洋之间的贸易与捕鱼船,它的两边高起,像两层高的小楼,船中间是平底,向两侧呈圆弧形张开,安装着好几门大炮,大船上可载有船员和战士两三百人,这是一种为适于防御海盗而设计的船,重量可达一百吨至三百吨。为了防水,底部常涂着黑色沥青,所以日本人又叫它"大黑船"。碰上中国船的时候,要作战,就直接撞上去,凭着它高大如楼的船首,直接将较小的亚洲船"压"入海底，战略上占尽优势。葡萄牙人靠着这种船征服非洲、印度和南洋的一些香料群岛，却不料栽在荷兰人的手上。

经过阿姆斯特丹大拍卖，"克拉克瓷"扬名欧洲。而中国的生产商也订单不断，工艺日益精湛，甚至可以在青花瓷上画出欧洲的风景。货物通过当时唯一开放的港口——福建月港（福建漳州附近的商港），源源不绝地出口到欧洲，为福建赚了大笔白银。

张燮的《东西洋考》周起之序中称这里是"天子之南库"。据统计，当时全世界的白银，有三分之一流入了以白银为货币的中国，而月港就是这个现金流的主动脉。通过丝绸、瓷器等，月港为明朝赚取了大量白银。

明亡后，面对郑成功的抗清之战，清廷坚壁清野，不仅实施海禁，还要居民退居海岸十里，让海岸无法成为郑成功的补给。月港所建立起来的贸易景象到清初就结束了。

然而，"克拉克瓷"的名气太大，欧洲引进了漳州的瓷器工艺师，开始生产瓷器。工艺师也随着日本的贸易而来到日本。

1999年，漳州举行"中国古陶瓷研究会"，邀请被称为"日本古陶瓷研究之父"的楢崎彰一发表演说。楢崎以幻灯片比对漳州古窑址出土的陶瓷与日本收藏的碗、盘、碟等的类似性与传承性，从而得出结论，认为16世纪与17世纪初的中国外销的陶瓷，即是以平和县南胜、五寨窑为代表的漳州窑为产地。这解决了国际上悬而未决的问题——到底"克拉克瓷"（青花瓷）、素三彩香盒的产地在哪里。

平和县本不产陶瓷，那么它又从何而起呢？这就要回归到王阳明了。

1511 年开始,福建、江西、广东交界地带发生民变,范围不断扩大。1516 年,兵部尚书王琼举荐王阳明为都察院左佥都御史,巡抚南赣。王阳明身负平乱重任,一到了地方上即了解军情,整备精锐部队,很快平定乱事。可贵的是,他认为地方乱源不在盗匪,而是贫困。要解决民变,唯有设立行政单位,有效管理三不管地带,所以于 1518 年上奏设立平和县;为让民众知学知义,设立乡学、庙宇,以收安定人心之效。他也留下一些江西兵众官员,管理行政军事事务,并希望江西干部振兴地方经济,这样才能长治久安。江西官员于是从景德镇引进陶瓷制作工艺,在平和的南胜、五寨一带生产。平和于是成为陶瓷生产基地,经济也兴盛起来了。

几十年后,当月港开放成为对欧洲商船贸易的港口,漳州的陶瓷竟变成享誉欧洲的"国际名牌",中国对外贸易的大宗。这个"天子之南库"为明朝的北方战争筹措到不少经费,等于在一定程度上延续了明朝的寿命。

王阳明平南、赣之乱,在闽南也有建设,周老师在此书中已有叙及,我便不再多说,仅此而言,王阳明的贡献,又岂是"知行合一"的哲学而已! 他的事迹,见证了一个具有实践能力的知识分子,即使身为地方官,在乱世中仍能有所作为。他的建树,也让漳州有迎向大航海时代的基础,让闽南的海上英雄如郑芝龙等,在东亚争霸战中,不曾缺席。

我的祖上是福建平和县人,清朝时迁到台湾。阅读周老师《阳明学十讲》书稿时,不禁深深感念阳明先生,若非他设立平和县,使我先祖有生养之地,又岂有后来漂洋渡海开拓台湾的后代。只不知,我平和的祖先,当年是为盗呢,或是被王阳明命令留守的兵呢?那就无法考证了。但又何妨呢!王阳明不是说了嘛,只要"致良知",匹夫匹妇亦可以为圣为贤。

# 自　序

2016 年的春天，台湾文化总会的秘书长杨渡先生跟我谈起，他想在交卸之前的任内完成一件文化事业的"壮举"：邀请台湾几位有声望的学者，每人讲十次有关中国传统文化的问题或事件。演讲由教育电台播出，播出后的讲稿由文化总会出版成书，所以学者跟文化总会所签的合约，包括广播播出与出版图书两种。

承杨渡看得起，我没任何"声望"，竟也派了任务给我，派给我的是这本书的原型"阳明学十讲"。其实我原来是想讲《论语》的，我那时正在写《论语讲析》一书，自认对《论语》有点新的领受与感悟，但开会时《论语》给林安梧教授先"认"去了。林安梧当时在慈济大学任教，也是我熟识的好友，杨渡只得跟我商量改讲阳明。幸好我平日也读了点儿阳明的书，对阳明还算熟悉，也有一些感受，我想了一下，便"从善如流"地答应了。这是这次演讲与这本书最初的来由。

我答应改讲阳明还有个理由，是多年前大陆曾有个出版界的朋友拉我写本王阳明的传记，说了不少他的构想，都是很崇高的,我被他感动,便答应试试。后来我因手边琐事繁多,朋友的催促也不算紧,就因循耽误下来了。迟迟不动手其实还有一个原因,是当时我找来坊间一些有关阳明的书来看,发现阳明的事已不能再谈了。

看过的书中,有点学术气息的,所谈都几乎一个样子,都在一点已熟知的材料上兜圈子,而且圈子也兜不太大;没学术气息的变化稍多,但很少谈阳明在思想上的启发与贡献,都比较偏重在阳明的事功方面,讲他如何避自己的祸、平国家的乱,弄得阳明像传统演义里面的诸葛亮、刘伯温似的,神机妙算得很,又身手不凡,仿佛有奇门遁甲的功夫。在他们眼中,阳明不只是人,还"神"得很呢!这些书当然不能看。

不论在有明一代,或从整个中国思想史的角度看,阳明都是值得谈的,一般书写得不好,所以更需要谈。我如要写阳明,就想写点儿别人没写的东西。问题是我手中所能掌握的材料,却让我不太能施展得开。我出身学院,总有点考据的训练的。所谓考据即现在说的科学,讲的是证据,学术上要求有一分证据才能说一分话,不能望文生义,更不能杜撰事实。有关阳明的书,不论史部、集部还是现代人的专著都不算少,但可供我使用的材料却十分有限。

我想这是源自我们中国人编文集的一项传统。古代文集很少是自己编的,别人帮你编的时候,想到的都是冠冕堂皇的理由,总在修身、治国、平天下的几个议题上打转。万一发现有点争议文字,便发挥"为贤者讳"的心理,将那些东西删之弃之了事。北宋的欧阳修,算是个重要人物吧,我们看后代所编的《欧阳文忠公集》,其中"内制""外制""奏议""奏事""濮议"

(宋英宗时一种特殊的奏议名称,由"台官所论濮园事"而得名)等一大堆,加起来超过全集的一半,以之研究欧阳修的政治生涯,材料不虞匮乏。而欧阳修一生的成就,除了政治之外尚多,就算只研究他的为官经过,这些材料都太公开了,也太正式了,内容都是冠冕堂皇的,用处不大。研究一个人,还需要一些"私"领域的资料,譬如他生活上的偏好、饮食起居的习惯,以及人际关系或与人相处的细节等,就算是缺点,也是很重要的。有了这些材料,传记才可以算是活生生的传记,所记的人是高矮胖瘦、会思考、有行动的人,而非只是一个薄薄的"纸片人"了。

这得怪编书人的不察,他们欠缺多元观念。文集也有些是自己编的,却也一样有这毛病。编自己文集的,也许没想到要朝自己脸上贴金,但总希望能帮自己留下"流芳万世"之作,其他自认不登大雅的东西,都投入废纸篓了。像徐文长那样自著《畸谱》,专曝自己的短,讽刺自己说"几间东倒西歪屋,一个南腔北调人";或如王船山自题画像,说"龟于朽后随人卜,梦未圆时莫浪猜",说得这样颓废、真实,是少数中的少数。大量删除自己认为"不重要"的作品,这是古代编书的习惯。你不能说他们都错了,以往刻书不易,去芜存精是必要的手段,但什么是芜什么是精,得从另一个角度来看。

研究一个人,不能光凭他只想示人的一面。尽管那些原想示人的资料不见得不可信,但对一个人跌宕的一生,正面的资料其实没有太大佐证的作用。一个人的光明,往往得靠他身后的阴影来衬托,所以阴影是重要的。举个例子,贝多芬一生写了九部光辉的交响曲,在音乐史上,都是最重要的作品,而就在贝多芬写他第三号交响曲《英雄》之前,发现得了耳疾,这对音乐家而言,不等于是被判了死刑吗?他当然伤心欲绝,写了令人回肠荡气的《海利根施塔特遗书》(*Heiligenstadt Testament*),几次想到自杀。所幸他没有死成,后来也没有被命运打倒,他最后几个交响曲与中期之后的弦乐四重奏、钢琴奏鸣曲、《庄严弥撒曲》等,都写在几乎全聋之后。他所有作品,都充满了意志与张力,多是斗志昂扬而充满正面的生命能量的。说起贝多芬,绝不能忽略他大部分晦暗的人生——他的疾病,还有他残破的感情生活。不知道贝多芬的晦暗,便无法体会他充满意志力的艺术的伟大。因此那些不是很正面的材料,反而是了解一个人最重要的凭据。

回过头来说说本书的主角王阳明。王阳明最大的贡献在于他挣脱了几百年以来"理学"的束缚,提出了"良知"这个观念。良知是个人的,用一句现在人的话来说,所谓良知便是我权衡世上所有价值的标准。阳明又认为,良知是每个人天生就有的,不是要到大学读了个学士、博士才会有的,也不是做了大官发了大财才有的。这良知的标准早深植于我们的心中,无须朝外去求,朝外求也求不到,我们只要依着这既有的良知去为善去恶,每个人都有机会完成自己,也可以成圣成贤。阳明的良知学,让很多人走上善途,而且充满信心,这是阳明对学术、对世人的主要贡献。

阳明对良知的体悟,是在他"居夷处困"的状况下展开的。简单的真理,背后却充满了争议与冲突,包括个人的与环境的,这是必然。但我们看阳明的文集或弟子编的《传习录》,有关争议与冲突背景的记录却很少,有的话,也不见细节,所有的叙述都显得过于表面化了。

不只如此，文集与传记中相当详细地记录了阳明与弟子之间的各项行事与对谈，对阳明的外在功业，也记载得巨细靡遗，却很少甚至不记阳明的家人。举例而言，阳明与他父亲王华的关系，是和谐呢还是紧张呢？

王华是成化年间的状元，阳明是他的长子，他对阳明的督责应该是很严的。阳明自少就有应考中举的压力，这压力可能来自社会，而来自父亲的更大。钱德洪辑《阳明先生年谱》（以下简称《年谱》）曾记阳明十一岁时与塾师意见相左的对话，阳明曾问塾师何为第一等事，塾师曰惟读书登第耳，阳明不以为然地说："登第恐未为第一等事，或读书学圣贤耳。"塾师是王华请的，塾师的意见其实便是王华的意见，阳明不以为然，可见阳明的内心，对状元郎的父亲不是表面上的那么钦服，至少在延师课己这一事上不是这样。之后阳明十五岁时，因看不惯朝廷平乱无功，一度想上书皇帝，又曾被王华斥之为狂，细节是什么并不很清楚。王华对儿子的斥责可能是对的，因为阳明当时太小了，这些事不该由他来管，然而这些事都显示少年时的阳明，与他父亲或父亲所代表的权威格格不入。

阳明十七岁到南昌迎娶，只知道这位夫人姓诸，第二年阳明归浙时曾携她拜访当时的大儒娄谅，但自此之后，《年谱》与其他的记录都缺少诸夫人的影子了，只在嘉靖四年正月，阳明时年五十四岁，《年谱》仅记"夫人诸氏卒"。诸氏一生未有生育，阳明长子正宪是"族子"过继来的。阳明后来续娶张氏，诸夫人死后一年的十一月，张氏为阳明生了个儿子名叫正亿，正亿出生两年后，阳明去世。遍查所有资料，阳明本身的家族史，只零星出现这几个记录，其他就没了。阳明也写诗的，诗是最富感情、最为"言志"的文学，但阳明跟传统诗人一样，关心的是旅行、山水与朋友，而朋友也大多是成年的男性，很少有为家人写的诗。

另外，阳明身体的情况应该不很好，他以中国人的算法也只活了五十七岁而已，就以当时的标准而言，也算死得早了。他一直有"痰疾"，咳起来往往不能停止。他一生的最后一年，在平定了广西思、田之乱后上书给皇帝，曾说："臣自往年承乏南、赣，为炎毒所中，遂患咳痢之疾，岁益滋甚。其后退休林野，稍就医药，而疾亦终不能止。自去岁入广，炎毒益甚，力疾从事，竣事而出，遂尔不复能兴。"他说的当然是事实，可见这病在他第一次建军功平南、赣之乱时就有了，上书之后不久，阳明死在归途，他的一生可能以剧咳告终。阳明得的可能是肺癌或有传染性的肺结核，但当时人并不知道这种病。可惜的是，不论阳明自己的文集或弟子编的《年谱》，有关这方面的描写并不多，这使我们对阳明的一生，缺少了健康上的证据。

当然，不论阳明个人还是他的思想，都是可以研究的，只是缺乏了这些细节，研究的效果就会打了折扣了。我在书里，已尽量将阳明的背景材料运用出来了，包括时代的与他自己的。他与当时流行的朱学，有不少相异的地方。他哲学的标的，在把人对外在事物的专注转回对内心的探索。阳明跟孟子一样，是个处处有"不忍之心"的软心肠的思想家，他不说自己与朱熹不合，而是说朱熹晚年思想已转向，他写了篇《朱子晚年定论》的文章，引起很大的争议。这件事很有趣，连他自己也知道要说朱熹的转向，理由是不太充足的，但他为什么要这样做？真正的原因，是他不愿对朱熹"直斥其非"罢了。他心肠软也表现在他对父亲就算心存不满，但辞色仍恭谨不逾，从未有过忤逆的行为。另外，他率兵对待下属、对待敌人都体恤又仁慈，战争不得已有杀戮，数量是不多的，而且兵燹之后，一定想尽办法来平治地方，不断对当地实施柔性的教化，这都是他极仁慈又细心的地方。

但他面对比自己高的政府与官僚，往往过于严正，不假辞色，偶尔会有比较放肆的行为。比如，他因戴铣案而遭"廷杖"，后被贬贵州龙场；平宸濠之乱后曾上书皇帝，要求武宗："罢息巡幸，建立国本，端拱励精，以承宗社之洪休，以绝奸雄之觊觎。"说得直接又严正，这都是他十分特别的地方。他虽然有功于国家，却没受到朝廷太大的礼遇，原因在此。

这些事，我在书中都设法点出了，但受限于记载过于表面，细节往往不好讨论，我认为这样的阳明是不足的。我说过，我受的学术训练，不容我在没有根据的情形下"杜撰"一个"新"的阳明。我虽尽力追求灵动，但还是觉得说的、写的不够精彩，这一方面有我个人的问题，而受限于材料，使我不容易探到他人格的"纵深"，也是事实。

最后，我想谈一谈我对阳明这个人与阳明学的整体感受。

阳明整个人在中国传统社会是个"异类"。他从小就不太受绳墨约束，不喜欢儒家四平八稳的那套，少年喜欢兵法韬略，十五岁登居庸关，便有经略四方之志，之后喜欢道教、佛教，这个不寻常的举动，可由结婚当天还夜宿道观见出。婚后一年见到当时大儒娄谅，才"折节"做起正统儒家的学问来，但他做儒家学问也充满冲突性，波折不断，并不是一帆风顺的。这些冲突与波折源自他的怀疑，他对任何既存的道理都抱着怀疑的态度，高潮是他跟同样年轻的朋友一起"格竹子"的故事。

"格竹子"的故事发生在阳明二十一岁时,他照朱熹在《大学·格物补传》上说的"即凡天下之物,莫不因其已知之理而益穷之"的说法,他与朋友都用这种"格"法以图做到经书上的"格物",但物没格成,他们都病倒了,他因而认定朱熹的格物说是有问题的。其实朱熹并没要人用这样的方法来格物,是阳明误会了,不过这场误会却造成了阳明的大发现,也就是《大学》讲的"格物",不是研究科学上的"格物","格物"也不能单独地讲,而是要与下面的"致知"连在一起讲。照阳明后来的发现,"格物致知"讲的就该是"知行合一"与"致良知",而唯有用这个方法,才能衔接后面的"诚意""正心",《大学》八目"才是所谓的一贯之学。

"格竹子"对阳明来说是一个困顿与挫折,被贬龙场是他的另一个困顿与挫折,但龙场三年,让他体察出"良知"的意义,而良知又与他"格竹子"失败后发现的《大学》格物致知之旨相结合,最后成为阳明学"致良知""知行合一"的核心。

因好奇与怀疑,加上不断地思考与探索,阳明发现了许多真相,而阳明发现的真相,对道德的建设与人的完成,是有积极贡献的。儒家文化自孔、孟以来都讲贡献所学、有益社会,但格于现实,真正能实践有成的,却是少数又少数,所以阳明的成就,益觉珍贵。

阳明在《答罗整庵少宰书》中说:

> 夫学贵得之心。求之于心而非也,虽其言之出于孔子,不敢以为是也,而况其未及孔子者乎!求之于心而是

也,虽其言之出于庸常,不敢以为非也,而况其出于孔子者乎!

这真是一段倔强又有见地的话,可以把阳明怀疑与探索的精神表露无遗。

《阳明学十讲》是从电台的演讲整理出来的,因为是给一般人听的,所以要尽量简单明白。我想最好的方法是有话就直说,一句能说完不说第二句,避免书成为人见人"畏"的学术著作,也不作烦琐的注解,书后也不附引用书目了。当然谈的是阳明,还是要征引一些历史资料的,我在引证资料时也尽量求简明通顺,不让它过于夹缠。阳明哲学的特色就是化烦琐为简约,又强调身体力行,我认为真正的孔子与真正的儒学,就该是这个样子的。《明儒学案》卷首载刘宗周评阳明语:

> 先生承绝学于词章训诂之后,一反求诸心,而得其所性之觉,曰"良知"。因示人以求端用力之要,曰"致良知"。良知为知,见知不囿于闻见;致良知为行,见行不滞于方隅。即知即行,即心即物,即动即静,即体即用,即工夫即本体,即下即上,无之不一,以救学者支离眩骛、务华而绝根之病,可谓震霆启寐,烈耀破迷,自孔、孟以来,未有若此之深切著明者也。

刘宗周说得很对,阳明之学来自孔、孟,"深切著明",是指阳明把握了孔孟之学最深切的部分,却把这个学问发展成浅明易懂的力行哲学,刘宗周对阳明的这个判断可谓十分精准。

《论语·宪问》又有段子路夜宿石门的记录，晨间司门的人问子路从何处来，子路答以"自孔氏"，说我是从孔子那里来的，子路的回答很有意思。

两千多年来，从文化史的角度看，中国几乎人人与孔子思想有关。阳明的良知，渊源于孟子的四端之说，而孟子自认是孔门的传人，因此说阳明之学即洙泗遗响，是绝不为过的。如果有一天司晨门的人要阳明表明来处，我想他也会像子路一样说"自孔氏"的。原来只要自认是中国人，都是一家人，只要思想行动带有儒家的成分，也都算孔门的一分子，这么说来，孔子之家便是我家，孔子之国便是我国，这是子路"自孔氏"的最高意义。

典型在昔，古人未远，想到这里，心中又有一段奇特的感受了。

辛丑(2021)年春月，序于台北永昌里旧居

# 第一讲

# 一、为何讲阳明学

首先要解释一下，为什么要讲这个题目。

讲题是"阳明学十讲"，阳明是谁，我想大家都知道。阳明就是明代的思想家王阳明。明代有很多思想家，为什么要讲他？还有，如果要讲思想家，中国自孔子以来，有成百上千的思想家，不讲别人，只讲王阳明，是什么缘故？

当然，中国两三千年来有许多了不起的思想与思想家，都有人研究，也都会有人讲，我只能讲我比较熟悉的部分。我认真地读过不少有关王阳明的书，对他的想法与作为，有点体会，有点看法。简单地说，我觉得自己对王阳明的了解比对别的思想家多一些，所以在介绍中国思想家里面，我选择了王阳明。这是个人的缘故。

其次是历史的原因。阳明在历史上是个非常重要的人物。我想研究明代思想的人都必定会读《明儒学案》这本书，它是明末清初的一位大学者黄宗羲写的。黄宗羲（1610—1695），号梨洲，浙江余姚人，算起来他是王阳明的小同乡。

黄宗羲除了《明儒学案》之外，还著有《宋元学案》，这两部书是后代研究宋、元、明学术思想史不可缺的材料（《宋元学案》他没写完，是由他的后学全祖望等人续成）。他还著有《明夷待访录》，代表了他的政治思想，在中国政治史上也很重要。尤其重要的，是由他领军，在他学生后辈如万斯大（字充宗，号跛翁，1633—1683）、万斯同（字季野，号石园，1638—1702），同乡后代全祖望(字绍衣,号谢山,1705—1755)等人的努力下,在清代学术史上开启了"浙东史学"一派,对后世史学与学术史的研究有很大的开拓作用与影响。

提到黄宗羲,不由得令人想起"清初三大儒"。依晚清以后的学人看,这"清初三大儒"指的是黄宗羲、顾炎武(一名亭林,1613—1682)、王夫之(号姜斋,学者称船山先生,1619—1692)三人,但顾、王在清初的时候名尚未显,知道他们的人不多,而且顾、王的学术,是偏向反"王学"一方。当时也有"三大儒"之称,不过所指的是黄宗羲、孙奇逢(字启泰,号夏峰,1584—1675)与李颙(字中孚,号二曲,1627—1705)三人。孙奇逢是河北人,李颙是陕西人,这两人都是北方人,加上黄宗羲,三人同是以"王学"为宗,但对"王学"也都有修正,可见明末的学术,仍是"王学"的天下。不论清末认定的或清初既有的"三大儒",都把黄宗羲包括在内,因此他在清代学术界的重要性毋庸置疑。要想知道黄宗羲的学术贡献,全祖望《鲒埼亭集·梨洲先生神道碑文》中说:

> 公谓明人讲学,袭语录之糟粕,不以六经为根柢,束书而从事于游谈,故受业者必先穷经。经术所以经世,方不为迂儒之学,故兼令读史。又谓:"读书不多,无以证斯理之变化;多而不求于心,则为俗学。"故凡受公之教者,不堕讲学之流弊。公以濂、洛之统,综会诸家,横渠之礼教,康节之数学,东莱之文献,艮斋、止斋之经制,水心之文章,莫不旁推交通,连珠合璧,自来儒林所未有也。

虽然是推崇之语,但大体上也说得很恰当,可见黄宗羲在明清之际学术上的重要地位。

本讲不是谈黄宗羲的,我们得回归谈阳明学术的主线上。

谈起阳明必须先从黄宗羲的著作谈起,而谈起黄宗羲,又必须从黄的老师谈起。

黄宗羲的老师刘宗周(字启东,号念台,学者称蕺山先生,1578—1645),是浙江山阴人。山阴就是今天的绍兴,春秋时叫作会稽,是当时越国的首都。这地方出了许多历史名人,晋代的书法家王羲之(303—361)自少年便迁居到此处,有名的《兰亭集序》就写于此,兰亭就在绍兴。王阳明虽是余姚人,但少年时就随父亲王华迁居山阴,以后在此长住,在此讲学,所以山阴也算阳明的故乡,余姚反而很少回去。山阴、余姚两地其实不远,阳明死后也葬在山阴。

刘宗周算是一个奇人,他与黄宗羲的父亲黄尊素(号白安,1584—1626)一样,都是与明末有名的东林书院有关的人物。

东林在今江苏无锡,原是宋朝大儒杨时(字中立,号龟山,1053—1135)归隐讲学之处,到明朝逐渐成为一个有名的书院。东林书院的人物讲学,十分注重经世致用。所谓经世致用,也就是后世说的"学问为济世之本",主张求学问是要用来服务社会的。东林书院的学者都比较主张用学术干预实际政治,学问不是空谈心性就够了,说穿了,就是传统儒家讲的"内圣外王"之学,而所谓"内圣外王",讲的就是自己修养好了,要去解救世人,君子是不以"独善其身"为满足的,必求兼善天下。

《明儒学案》形容东林师友的特色,说:"一堂师友,冷风热血,洗涤乾坤。"冷风指社会的反响不见得好,热血指自己仍不死心,虽经挫折,仍充满了拯救时代的愿力。黄宗羲又称道东林的作用,说:"数十年来,勇者燔妻子,弱者埋土室,忠义之盛,度越前代,犹是东林流风余韵也。"可见东林在晚明的作用及重要性。

东林派学者基本上都是阳明学派,但他们对晚明有一派的阳明后学很不满,认为其太猖狂又不学无术。东林派学者都比较重视读书,又主张读书要能变化气质,还认为读书的目的不在讲玄虚的道理,更不在媚俗,而在立身。立身的目的是要积极服务社会,即"经世"。今天我们到无锡的东林书院,还看得到那副有名的对联高悬在大厅,对联写着:"风声雨声读书声声声入耳;家事国事天下事事事关心。"这是东林书院领导人顾宪成(字叔时,号泾阳,1550—1612)写的,于此可见东林派学者的胸襟。

刘宗周治学严谨,一生标举"慎独"两字,要求学生哪怕一个人独处,也得小心谨慎,丝毫不苟。

刘宗周无疑是明代阳明学的殿军,承袭了阳明良知学说中最严谨的部分,对良知说所达的幽微处境深有所契,对当时阳明学的"末流"也严词批判。

有一点非常值得说的是,刘宗周虽也科举出身,但在明亡时并未担任要职。他在北京任职时经常上书,却多次被崇祯斥为迂阔。听到明思宗崇祯帝自缢煤山的消息后,他悲痛不已,后来眼看着清兵南下,杭州即将沦陷,竟然采取绝食的方式殉国了。绝食是很辛苦的事,要靠极坚强的意志力才能做到。刘的绝食而死,在当时影响很大,他的学生王毓蓍(?—1645)、祝渊(1614—1645)也都先后自杀,还有一些学生如陈确(字乾初,1604—1677)、黄宗羲等虽未死,却以气节自励,不肯降清,对当时及后世的影响很大。

今天要研究明代思想,一定要依据、参考黄宗羲的《明儒学案》,这是毋庸置疑的。我们来看《明儒学案》这本书,王阳明及其后学所形成的学派占有多少篇幅。

《明儒学案》从第一卷《崇仁学案》开始到第六十二卷《蕺山学案》为止,一共六十二卷,卷九之前是阳明前的诸儒学案,包括《崇仁学案》四卷、《白沙学案》二卷、《河东学案》二卷、《三原学案》一卷,从第十卷《姚江学案》(就是写阳明本身的那一部分)之后,其中在《泰州学案》五卷之前有《止修学案》一卷,《泰州学案》后有《甘泉学案》六卷,《诸儒学案》上、中、下十五卷,《东林学案》四卷,《蕺山学案》一卷。最后这两学案中的人物对阳明学虽有批判,但也算是阳明学的一支,所以我统计全书,写阳明、阳明后学的共有三十一卷,以卷数而言,正好占了《明儒学案》的一半;就内容而言,当然更不止于此,因为阳明后的"诸儒",就算其学宗旨不标榜阳明学,其所讨论的,也绝大多数是与阳明学有关的事。

我认为阳明学的重要,在于它改变了传统儒学的态势,也就是说阳明学比较注意自己存在的必要,这是以往儒学家比较忽视的问题。

传统的儒家比较注意礼,比较讲道德,礼是一种行为的约束,而道德又是社会生活下的产物,因此儒家讲学问以齐家、治国、平天下为目的,这套学问讲到极致,往往忽略了自己,忽略了个人。阳明学比较注意个人良知的呈现,主张一个人内心最初的判断往往最为准确。这种有点否定传统认知的说法,在当时引起了很多的争议与回响,是十分特殊的。当然在阳明之前,在北宋的时候与朱熹(字元晦,号晦庵,1130—1200)同时的陆九渊(字子静,号存斋,学者称象山先生,1139—1193)之学,已经有了这种"态势"了。"陆学"与"朱学"最大的不同在于"朱学"比较讲学问,即"道问学",强调学问知识的重要,而陆九渊比较注意的是"尊德性",即重视一个人的内在涵养,换句话说是重视一个人的内心所达到的道德境界,因此"陆学"也被称为是"发明本心"。

陆九渊这派学说比较注意内在,不求外表,在乎心之所得,不在乎自己读过了多少书、掌握了多少知识。但在宋朝,"陆学"的势力始终不敌"朱学",原因是客观知识比变化莫测的内心更好把握一些,"朱学"比较有途径可寻,而"陆学"的境界对于一般人而言,反而难以达成。

但到了明朝,这种态势就大大改变了,这是因为"朱学"已兴盛了几百年,本身已露出了疲态,再加上明代社会已去南宋的时代太远,很多事已变得十分不同了。王阳明的学说比较接近象山一派,陆、王之学都有一种"发明本心"的倾向,阳明之学自兴起后,得到的社会呼应极大。在明代,"王学"的兴起有点像掀起了一场遍及社会各阶层的"发现自我"运动。

## 二、从孔子讲起

在正式进入主题——"阳明学"之前,我们该先谈一谈在"阳明学"形成之前的中国思想或哲学的历史。

　　说起来中国传统的思想运动,都有一种重新评估孔子价值的意义与作用在,"阳明学"也是。

　　在阳明学者的眼中,孔子的形象与定义,也自然与朱熹一派学者所言不同。譬如,在王学一派学者看来,孔子不光是讲修齐治平,更讲修齐之前的诚意、正心。从诚意、正心上思考,阳明所标举的"良知"便展开了全新的意义。虽然阳明本身很有事功上的成就,但他讲"《大学》八目"时,还是比较朝修齐之前来讲,喜欢讲格物、致知之学。在他看来,孔子的"内圣"比"外王"更为重要。不仅如此,因为帮孔子找到了"全新"的意义,这使得读者自己的意义也跟着显现出来了。中国的思想界,从来没有比这个时代更重视"自我",不但强调自我存在的重要,更强调我对自我、社会负有高远的责任,肯定自我的人自有一种很特殊的光彩,这种光彩是以前很少见到的。我们要谈它,这是一个重要的目的。

　　刚才说过,中国传统的思想运动都有一种重新评估孔子价值的作用,好像所有的议题讨论的核心都是要说明孔子是怎么样的人,还有儒家应该重视的是什么。可能有人会说:这问题讨论了两千年了,还不觉疲乏,而且议题狭小得有点可笑,不是吗?其实如果放眼去看看欧洲的情况,我们会发现这几个讨论也并不算特别狭小。

　　我们看文艺复兴之前的欧洲,当时的哲学就是神学,神学的核心即讨论神的意义。为什么讨论神的意义呢?神,大家都看不见,是很难讨论的,但历史上有个人物兼具了人与神的性格,这个人就是耶稣。西方欧洲的神学是因基督教而起,但有了基督教之后,耶稣留下的言行便有了各家不同的解释,形成了同属一教的不同派别。也就是说，耶稣只有一个，但说法解释各有不同，有的解释接近，有的解释相去十分遥远，彼此间钩心斗角，常常一派打倒一派，理由都是说别一派把耶稣解释错了，只有我的解释才是对的，想尽办法要去"统一"对方，而被统一的那派显然不甘心，又找出理由来闹革命，这样一阵一阵地争扯，几百年就过去了。西方神学其实就是这副模样，每个人都说自己解释的耶稣才是耶稣，别人说的不是耶稣，对付跟自己持有不同意见的，用尽各种极端的方法，包括血腥的战争，征伐杀戮不计其数，我们看到在十八、十九世纪之前，欧洲的战争的各方都是顶着十字为号的旗帜，便是这个原因。

知道西方的这段历史，再回来看中国历来的思想家都想重新定位孔子，都想以自己的所思所想来解释孔子，也就没什么不合理了。孔子的出生比耶稣早了几百年。在中国，孔子的思想影响极大，历来关于他的意义、他的作用的讨论，当然多得不胜枚举，但可幸的是，中国从未因对孔子的解释不同而发生过战争。

孔子的"伟大"，一部分是孔子本身的伟大，一部分是后世的人让他变得更伟大。

我们知道，孔子在生前，是一个鲁国的读书人（当时称作"士"，是做官与读书人的一个模糊称呼）。孔子曾被鲁国的国君赏识，在鲁国做过短期的官，官位还不算小，但随即因不得志下台了。他在政治上虽然很有能力，但鲁君对他的信任不足，而当时鲁国政权旁落，就算鲁君对他信任也没有太大作用。后来他曾率领弟子周游列国，到过齐国、卫国、陈国、蔡国与楚国（其实都只在现在的山东、河南一带），以今天的标准而言,都不算远,不过在还是马车或徒步的古代,就也不算近了。孔子在外的日子大都不得志,不受重用,经历过许多无聊的日子,也经过不少风险的打击,最后还是回到了鲁国,专心整理古书与教育学生。

孔子活着的时候,对他的时代当然是有影响的,但影响力并不很大,范围大约只在鲁国(今山东中西部的一小片区域)一带,与整个中国相比,那是个很小的地方。孔子在学问上当然是有所创获的,但同时代或稍晚于他的人,有的也是有创获的。当时把每个在学问上有创获且有特色的人,都称为"子"。春秋战国时代,是诸"子"流行的时代,后世叫那时的学问,叫作"子学"或"诸子"学。孔子是当时的诸子之一,而孔子所代表的儒家也跟道家、稍后的墨家与之后的法家、名家等一样,都是当时的一个学术流派。

要说儒家这一学派,只能说是先秦的"显学"之一。战国时代是"百家争鸣"的时代,数得出来的学派就有"九流十家"。所谓"显学",至少包括了儒家、道家、墨家与法家四家,"显学"是指它比其他学派的成就与影响都更明显一点,地位自然也更重要一点,但不是说它能操纵一切。

到了公元前 2 世纪,汉统一了天下,中国结束了从春秋战国到秦近五百年的分崩离析。汉初的时候,讲黄老之术的道家风行,主要是面对战国的乱局与秦统一后的暴政,人民需要休养生息,这一时期文帝与景帝当政,历史上称之为"文景之治"。汉武帝即位后,比较想有所作为,前两代的休养生息也让他有了机会:在政治上,大权独揽;在军事上,对强大的北方匈奴不再继续保持守势;在学术上,采取了董仲舒(前

179—前 104）的建议，"罢黜百家，独尊儒术"，将统一帝国的思想化为有形的力量。这是儒家思想第一次以空前的君临天下的姿态进入权力的核心，成为政府施政治国的最高指导原则。

## 三、经的流变

儒学的根据是"六经"，也就是六种经书。所谓"经"，在文字的意义上，原来指的是直线，直线有正确、标准的含意，所以"经"字就带着崇高与标准的意义。一切宗教里的最重要、有指导原则的书都称为经，譬如佛经、基督教的《圣经》、伊斯兰教的《可兰经》等。儒家的经典当然被认可为儒学中最重要的书，那就是《诗》《书》《礼》《易》《乐》《春秋》这六部经典。这六部经典因跟孔子有关，尊儒之后的汉朝人就觉得非常重要了。这些书都不见得是孔子写的，但确实跟孔子有密切关系，汉代盛传孔子"删《诗》《书》，订《礼》《乐》，赞《周易》，作《春秋》"。写《史记》的司马迁（约前 145 或前 135—前 86）说："孔子布衣，传十余世，学者宗之。自天子王侯，中国言六艺者，折中于夫子，可谓至圣矣。"我们后来称孔子是"至圣"，其实最早来自司马迁。文中所说的"六艺"，指的就是"六经"。

汉儒的说法，有点夸大，这六部经典，其实依后儒的考证，都没有经孔子"删"过、"订"过，孔子也没"赞"过《周易》，但这些古代留下的书都曾当过孔子施教的教材，可能多少都经过了孔子或孔门弟子的整理。除了《论语·子罕》有孔子说的

"吾自卫反鲁,然后乐正,雅、颂各得其所"能证明孔子在《诗经》上曾做过"正乐"的工作之外,对其他的书做了哪些事,因缺乏可信的记录,我们就无法知道全面的消息了。

关于孔子是否"述""作"了《春秋》之外的"五经",是中国经学史上重大的问题,讨论的文献很多,现在不详说。至于"作《春秋》"的说法,司马迁说"孔子因史记而作《春秋》"(凭借着历史记录而编写了《春秋》),也许不错,《春秋》这部书可能真是孔子写的,但历史是根据史料而编的,历史是不能"作"(创作)的,所以司马迁的"作《春秋》"的"作"当作"编"字解,不能视为一般"创作"的"作",此字只能用广义来解释,不能作狭义的解释。

中国历代的思想家都想解释孔子是一个什么样的人,连带也讨论儒家的性质、儒家该做什么事等问题。汉儒解释下的孔子,恐怕跟我们现在所知的孔子,是有着十万八千里的差异的。在汉儒(尤其是西汉今文经学派的学者)的眼中,几乎把孔子神明化了。这种看法起源自对统治者的看法。古时人对统治天下的君主,不论中西,往往都有神明的联想,所以中国称一统天下而治天下的人为"天子",西方称君王的统治权是"君权神授",起源都很相同,其实是神权统治的旧例。

西汉的很多学者认为孔子不但是政治家,而且认定孔子"该"是个统管天下的天子。当时脱神权时代未远,孔子如能统管天下,就该具有"神性",具有神性的人就等于是神,神说的任何一句话,都有经天纬地的作用,所以孔子之言都极为重要,等于是神的告谕,这是西汉时一般人的观念。但真实的状况是什么呢？孔子其实是个古时的一个穷读书人，哪有神或天子的本事呢！

汉儒特别为孔子创造了一个全新的名词，称孔子为"素王"。在秦始皇之前中国是没有人叫作皇帝的，统领天下的叫"王"，王下面的各国领袖叫诸侯，诸侯又依公、侯、伯、子、男的等第而位阶不同，称法各异。西周自武王之后的诸王都是当时天下的"共主"，是高高在上的天子，孔子被叫成"素王"，就是将之视同统领天下的天子了。但孔子是"素王"而不是"王"，表示与具有实际统治权的真"王"还是有差别的。"素"是什么意思呢？素在古时是指没经过染色的丝。丝虽没有经过染色，但还是丝，孔子因没有真实居于天子的位置，没有王的仪节文饰，故称"素王"，但究其实际，时人认为孔子是具有统领天下一切的本质的。

汉儒视孔子为"素王"，精神上尊他至高无上、独一无二，所以孔子经手的六本书都被命为"经"了。所有叫"经"的书都有神圣的、标准法式作用的意义，"六经"当然也不例外。汉代之前，孔子只是诸子之一；汉代之后，孔子不但是圣人，而且是"素王"了。儒术被独尊之后，连跟孔子有关的几部书也都成为"经"了，所以冯友兰（1895—1990）写的《中国哲学史》把中国的汉以后称作"经学时代"，汉之前称作"子学时代"。冯友兰的说法很特别，但从某个观念切入，是大体可以成立的。

西汉的儒学家在"六经"中特别注意的是《春秋》，因为经学家认为这本书是孔子所著的，当然比其他五经更为重要。董仲舒《春秋繁露·精华》说：

今《春秋》之为学也，道往而明来者也。然而其辞体天之微，故难知也。弗能察，寂若无；能察之，无物不在。是故为《春秋》者，得一端而多连之，见一空而博贯之，则天下尽矣。

可见在董仲舒眼中，《春秋》是如何的伟大与重要。

《春秋》写得很简单（一方面孔子主张"词达而已"，另一方面可能是受当时书写工具的影响，不得不简单），因太简单了，所以给了许多后儒可用来作不同解释的机会。汉儒把这些说得不很清楚的话叫作"微言"，认为在《春秋》的"微言"中其实都藏有"大义"，将《春秋》深藏的"大义"解释出来是很有必要的，当时认为最具权威的解释是《春秋公羊传》。这本书，传说是公羊高氏写的。公羊高，传说是孔子的弟子子夏的门人，算起来该是战国初年的人物，但非常有意思的是，书里面附会了许多战国阴阳家的说法，倒像是秦汉之际人的作品，书中也有一些对未来预言的部分。《春秋》原本是一部记录历史的书，但在《公羊传》的解释下，孔子就成了既有治天下意图又似乎是充满权谋的人物了。

西汉讲公羊学的"公羊派"曾权倾一时，董仲舒本人是"公羊家"，他的《春秋繁露》里面的记载与推论都有很可笑的地方，尤其是他非常相信灾异，相信上天的"示警"。譬如他说："刑罚不中，则生邪气。邪气积于下，怨恶畜于上。上下不和，则阴阳缪戾而妖孽生矣。此灾异所缘而起也。"这种言论充满了汉代人习惯的谶纬说法与迷信色彩，今天看来是很荒谬、可笑的，但我们如果能回到那个时代，就知道那些荒谬与迷信，在时人看来既不荒谬也不迷信,那是时人对自己不很清楚的世界所作的一种他们认为"合理"的解释。

以今天的角度而言,当时人的看法是很有问题的,而当时的人都信以为真。历史学家司马迁是孔安国(孔子十一世孙)的学生,孔安国本身也是个"公羊家"。司马迁是个十分杰出的历史家,也是杰出的文学家,却也信公羊派说的那一套,他还是无法全面摆脱那个时代的迷雾,要知道很少有人能完全超越他所处时代的迷雾的。

直到东汉,因为政治气候改变,学术气候也有了改变。古文经已陆续被发现,古文经里的说法与今文经的说法往往大异其趣,尤其在历史的诠释上,相形之下,孔子神秘的面纱被揭开了,孔子与儒家典籍的神秘色彩也变淡了,当然速度是缓慢的。到东汉末年,儒学才有逐渐摆脱迷信、回到孔子本来面目的可能。

西汉的儒学是充满神秘色彩的,至东汉时代,慢慢得以廓清,因为《论语》里面说过"子不语怪、力、乱、神",孔子虽生长在"迷信"的社会,但自己是很不迷信的,东汉的儒者不再在迷信事件上搅和,这一点,确实是进步了。随着研究经书的人增加,研究的成就也在提升,经学学术化了后,探讨者愈多,使得经书也有扩充的需要。

"六经"这名词是从"六艺"来的。在孔子的时代,"六艺"一方面指孔子以六种技艺教学,即礼、乐、射、御、书、数;另一方面也指后来的"六经"。但就在经学观念形成的西汉,"六经"其实也是个虚幻的名词,因为自始至终都只有"五经"而已,其中《乐经》早就不存在了。至于原因,有的说是毁于秦火，有的说《诗经》的可歌部分就是《乐经》，也有的说《礼记》里面的《乐记》就是《乐经》之旧，众说纷纭，莫衷一是。唯一的事实是"六经"只剩下"五经"，汉初开设的是"五经博士"，未有"六经博士"。西汉人对经的定义很执着，所谓的经书，不是孔子所"手著"，就是孔子所"手订"，必须与孔子发生亲密关系的才能称得上"经"。譬如《论语》，其实是后世研究孔子与弟子言行最重要的一本书，实际价值有时比"五经"还重要。但在汉代，《论语》却不称为经，原因很简单，因为《论语》是孔子弟子及其再传弟子编录的，不是孔子的著作，孔子也从未见过此书，不能目之为经。

## 四、儒学史上的问题

当然在西汉人眼中，《公羊传》很重要，但它只是传不是经，只有《春秋》才是经。《公羊传》《穀梁传》与后来发现的《左氏春秋》，都是注经的传，不能叫作经。在汉代，经、传是要分得很清楚的，因为地位根本不同。同样，西汉人虽认为《论语》也很重要，但因成于弟子之手，只能具有"传"的地位。

这是非常严格的态度，西汉人遵守经义，不作任意的更改。但到了东汉中叶之后，经学家越来越多，经学的研究也增加了，经学领域势必扩大不可。光是"五经"就嫌少了，所以"五经"就被慢慢扩充成"九经"。他们的方法是把《礼》的范围扩大，"五经"里的《礼》是指《仪礼》而言。孔子叫他儿子孔鲤去学《礼》，说："不学《礼》，无以立。"里面的"礼"指的就是《仪礼》。汉儒把后来出现的《礼记》与《周礼》都加了进来（《礼记》与《周礼》都成书于孔子之后），就成了"三礼"，但还觉得不够，认为孔子手著的《春秋》也非常重要，便又把解释《春秋》的"三传"也加入经的行列。到汉末，《公羊传》《穀梁传》《左氏传》都算经了，这样就成了所谓的"九经"。

东汉出了有异于前代的经学家，如扬雄（字子云，前53—18）、王充（字仲任，27—97）、许慎（字叔重，58—148）、马融（字季长，79—166）、郑玄（字康成，127—200）、服虔（字子慎，后汉人，生卒不可考）等，他们的论述，已超过西汉儒家喜欢谈的内容，对于公羊的今文观点也不那么拘泥，材料上也不轻视后出现的"古文经"，对学术材料往往以持平眼光看待。所以到了东汉末年，经典不但扩充了，儒家思想也变得比较能兼容，朝着博大深入之途一路开展过去。

但不久汉朝又陷入乱局，三国时代来临，之后从西晋、东晋到南北朝，中国由一统变为乱世与衰世，中央缺乏一个强有力的政府，原本很一致的思想，也逐渐产生了分歧。

魏晋之际的人喜欢归隐，喜欢过逍遥一点的生活，人聚在一起，喜欢"清谈"。所谓清谈，就是谈些与实际生活没有太大关系的事，语言的内容是充满玄虚意味的，所以也叫作"玄谈"或"谈玄"。这是当时的风气，可能与当时政治上很混乱，知识分子没有一定的出路有关。

"九经"这名词刚出现不久，儒学想借经典的开拓而振兴学术，一度是有望的，不料衰世来到，又使得经学衰微了。从魏晋到南北朝，道家思想比儒家兴盛，由于道家比儒家更具反向思考的本事，用它来唱反调再适合不过，一些仅剩的儒家为了争取读者，也纷纷用道家的方式来解释儒家的经典，其中以《周易》为最多。因为《周易》原本是占卜之书，里面有很玄秘的成分，能让喜好玄虚的士人有驰骋想象与议论的空间。

到了南北朝，佛教开始流行，带领出一种新的风气，隋、唐之际，佛教更为流行。唐代虽号称是盛世，但儒学并不是很昌盛。唐朝皇帝因姓李，自以为是老子后人，所以奉道教为国教，但从朝廷到民间，更流行的其实是外来的佛教。看唐代的历史，正统的儒家人物好像"出头"的机会都不多，在朝廷比较有力的，多是有佛道色彩的人物，以诗人而言，李白不在话下，有佛教名号的"摩诘居士"王维与"香山居士"白居易，比起一生信仰儒家思想的杜甫都混得好，就是明证。

在中唐有韩愈，曾因谏皇帝迎佛骨入宫而被贬远戍潮州，他的《原道》一文更指出中国的正统思想儒家在唐朝所遇到的危机。当时的天下大势，是"不入于老，则入于佛"，道与佛相较，佛教更为有力。韩愈提出建议，呼吁朝廷与社会要尽力地排除佛教，提出"人其人、火其书、庐其居"的口号。所谓"人其人"，是指要让佛教的出家人都还俗；"火其书"，是指把那些佛教经典都烧了；"庐其居"，是把所有佛教庙宇都改成住宅，给百姓去居住。历史证明秦始皇焚书坑儒是荒诞的，是错误的，而韩愈却要用这荒诞与错误的手法来对付他所说的外来的佛教，是否正确当然是可以讨论的，但韩愈与当时知识分子面对传统儒家的衰微感到忧心，于此可见一斑。

宋代比起唐代国力看起来是衰落了，中国所能控制的土地面积也小了很多，与北方少数民族政权争执，攻势较少，守势较多,表面上弱了许多。但我们不能光从这些表面的现象看,其实宋代也有强项。

宋代与唐代比较,是个很不同的时代。唐代的文化是一种闪耀式的文化,国势很强,首都长安有许多外国人,包括印度来的、西域来的与北方民族来的。中国文化一方面忙着与外国文化融合,另一方面也不吝惜展现自己的辉煌。但什么是中国文化,多少是真正传统的部分,多少是后来从外来文化加入的部分,并不那么好区别,好在一些本属外来的文化,进入中国之后,也逐渐被中国文化所"同化",佛教的禅宗就是一例。所以唐代人讨论这个问题时,线条很乱,答案也不很明确。但到了宋代就不同了,国家小了,前朝的辉煌(多半是融合时所发的光辉)好像也流逝了,不在强光的迷惑之下,人容易去做内省的活动,人正好利用这个不那么辉煌的时代来沉淀思绪,所以宋代是一个比较具有沉思性格的时代。

# 第二讲

# 一、唐、宋的儒学

宋朝比起唐朝更是一个内省的时代，尤其对儒学的部分，还有对孔子角色的问题，宋朝人想得比唐朝的多，而且比较周到，在这方面，宋代人的贡献也大得多。

首先，对经学的讨论比以前要更多了，"五经"变成"九经"已经过了几百年，"九经"就数量而言，又不能满足人们探索的需要了，需要扩充，所以到了宋朝，"九经"又变成了"十三经"。他们把《论语》《孟子》《孝经》《尔雅》都加入了经部。老实说，这其中是有大问题在的，但由这个试图增加儒学规模的举动，可以看出宋代人对传统中国的核心、已"垂危"了近千年的儒家是如何地向往，更可以看出他们重振儒学的企图了。

但任你如何地扩充，把《论语》《孟子》加入经部都还说得过去，因为这两部书确实重要。而《孝经》先不说此书是否真实，光是从字数上看，实在太少，与其他经书相比，分量上"不配"成为"经"，当然此书的真伪是更大的问题。《尔雅》是本字书，相当于现在的一本字典，是工具书，从意义上看，也没有"经天纬地"的作用，也是不能算作经的。但我们可从"经"的增加看出宋朝人对儒学的向往，有更多学者投身到儒学的范围内，当然更可见到儒学在这一时代有极大复兴的可能。北宋时许多有名的学者，都全身心致力于儒家文化的发挥上，跟魏晋人亦儒亦道、唐人亦儒亦佛的作风是很不一样的，他们在思想上更纯粹一些，当时的名儒有范仲淹（字希文，989—

1052)、欧阳修（字永叔，1007—1072）、邵雍（字尧夫，1011—1077）、司马光（字君实，1019—1086）等。

还有一点更为重要，北宋时许多学者试图建立一套以前没有的诠释体系，来重新规划、建构一套历史上所未见过的新的儒学，这套体系当时称为"理学"。

从北宋开始，有了许多以前从未有过的"理学家"出现，譬如孙复（字明复，992—1057）、胡瑗（字翼之，993—1059）、石介（字守道，1005—1045），到周敦颐（字茂叔，号濂溪，1017—1073）、程颢（字伯淳，号明道，1032—1085）、程颐（字正叔，号伊川，1033—1107）、张载（字子厚，号横渠，1020—1077）、谢良佐（字显道，号上蔡，1050—1103）、尹焞（字彦明，号和靖，1071—1142）等。与以前的儒学家不同的是，他们很少在政治上追求发展，平常也不太喜欢"舞文弄墨"。

跟之前的学者通常兼为文学家不同，理学家都不太想做文学家，而是比较在意让他们自己的生活与传统的儒学的道德境界相契合，更专注儒学里有关心性的学问，扮演的是一种纯粹学者兼道德力行者的角色，尽量追求与实际政治无关的生活。这一点跟之前的传统儒者很不相同，传统儒者是要讲"外王"之学的，"独善其身"是不得已的选择，他们道德的极致是"兼善天下"，所以比较看重对"外"的营求。北宋时候的这群学者重视内省，平日身边常跟着一群学生，带着学生一起学习与生活，这点倒很像晚年的孔子与孟子。

从宋代起，"语录"又蓬勃发展起来了。当然，语录在先秦时就有了，《论语》就是其一，但汉以后就比较少了。语录就是由学生记录老师说话与生活的细节，一般都用口语来记录，有

点像后来的白话文,文字比较浅显,孔子说:"辞达而已",意思
是文辞能达意就够了,无须过分华美。因为直接又明白,缺少
文学上的操作,所以语录体的文章更为自然,思想脉络也比一
般的文章清楚多了。跟那些注重辞藻又讲求对偶的骈俪之作
尤其不同,语录体的流行,对文学发展也有一定的影响。宋朝
崇尚理学,浅白的语录体文章多了,这种状况为后来的白话文
学提供了不少的理论基础,光从文学发展史的角度看,也是一
种特色。

宋朝社会也与之前的几个朝代很不同,多了很多民间人
士办的书院。书院其实在晚唐就有了,五代慢慢增多,但到宋
朝,因为很多名儒不做官只讲学的关系,书院就更多了。

书院是一种学校,有别于以前的县学、府学、中央的国子
监。那些学校都是政府办的,主要是培养能参加国家考试的
生员,考上便可以进取、做官,所以之前学校与取士往往是一
并谈的。而在宋朝,大量兴起的书院跟那些学校不同,书院绝
大多数是民办的,表面上有补官学不足的功能,而它的目的不
再是为国家培养考生与官员。

书院提供学者讲学的场所,让学者有发挥所长的场地,因
入学限制不严,也让社会一般人有接触知识的机会。书院是
真正为学问、为知识而推行教育,目的不在于服务政治。入学
的学生多是自觉自动的,目的也多在求知。官方的学校要由
政府管理,大多设在通都大邑,中央的国子监设在京城,地方
的府学、县学也设在地方府、县政府所在地,而书院通常设在
山林郊野,刻意与人群保持适当距离,以利师生安静作息,书
院的领袖往往不称祭酒、校长、院长,而称为"山长",就是基于

这个缘故。

宋代的书院通常是讲理学的学者著述驻讲之所,几个有名的书院不断有大儒往来,彼此切磋砥砺,书院也就成了理学发展的根据地了。

理学,顾名思义就是讲道理的学问。因为到了宋代,"崇儒"成了共识,这道理比较偏向儒家的道理,再加上这些理学家的身份与一千多年前的孔子很相近,都以讲学或著述为业,孔子的"教师"身份就越发受到肯定。到了宋朝,孔子的形象便由汉代的"素王",隋唐时代的面目不清,变成了很清楚的一个传道授业的教师角色了。我认为,这种转变很好,孔子虽然很"多元",但教师还是孔子始终不渝的真实身份。

## 二、《四书》与朱熹的贡献

到了南宋,没人不会想起朱熹。

朱熹(1130—1200),字元晦,号晦庵,又号考亭,世称"朱子",婺源人。婺源这地方很有趣,是徽州的一部分,原本属于安徽,近代又属于江西,所以论起朱熹的籍贯,有人称他是安徽人,也有人说他是江西人,其实都对。朱熹虽是婺源人,但他出生在福建的崇安(今属武夷山市),后来也常在福建讲学,最远还到过金门,故学者称"朱学"为"闽学",以与北宋的"濂学"(周敦颐)、"洛学"(程颐、程颢)、"关学"(张载)相区别。因为"闽学"的名称,也有人以为他是福建人。

朱熹一生在宦途方面发展得并不好,最高只做到知南康军(南康军在今江西省星子县附近。军是宋代的行政区划名称,比县稍大,与古代的郡含义相近。知南康军,相当于是做南康郡的郡守)。他一生最大的贡献不在仕途,而是在讲学与做学问,讲学、著述不断,尤其致力于儒家经学的开展,主要著作有《周易本义》《诗集传》《四书或问》《四书章句集注》《孝经刊误》《小学书》《楚辞集注辨正》《通鉴纲目》《宋名臣言行录》《家礼》《近思录》《河南程氏遗书》及《伊洛渊源录》等。

朱熹对学术最大的贡献是,从他开始中国有了《四书》这个概念。

《四书》原是四种不很相干的著作,《大学》《中庸》原是《礼记》里的两篇,本不是"独立"的书,朱熹选它们出来再加上《论语》《孟子》两部书,并在一起,为它们作集注,就成了后来有名的《四书章句集注》了。

《四书》成"书"之后逐渐变得重要。从南宋到元、明,自从有了《四书》之后,社会慢慢忘了卷帙浩繁的"五经""九经"或"十三经"了。由"五经""九经"而"十三经",可以视为经学的繁化;而从"十三经"又变成《四书》,可以视为经学的简化。我们在文化发展历史上,可以看到不少繁化或简化的运动,不见得谁对谁错,都有理由存在,进或退、兴或消,纯是趋势上的问题。

看起来有些矛盾,从"五经"孳乳成"十三经",经学的繁化反映了时代的需要,但是不是文化发展一定得日渐趋繁呢?也不见得全都如此。影响文化发展的因素很多,前面说过,宋代是个注重内省的时代,在内省的风气之下,寻找最根本、最核心的思考要素渐渐显得重要。哪些是重要的,要谨守不放;哪些是次要或根本不重要的,要扬弃、剔除。在这种思考中,当然就有一种化烦琐为简约的趋势。

从经学的现实层面看,当"五经"变成"十三经"之后,"经"的数量固然多了,但线条却反而不清楚了;"经"的线条不再清楚,里面的"理",就因不分明而欠缺了强度,有的甚至产生矛盾了。譬如《春秋》是讲"微言大义"的,《公羊传》《左传》都在解释《春秋》,但立场不同,结果便让其中的"大义"相差很远了。这些差异,在它们都还是"传"时是没问题的,但当把"三传"都变成为"经"之后,种种问题就产生了。一些"传"上的解释歧异,便形成了经学上的对立与矛盾,要想在这方面争个对与错,是永远没法了结的。譬如由《公羊传》《左传》引起了经学上的今、古文之争,随之而来的是有关孔子的定位问题,到清代末年还没结束。相形之下,朱熹编的《四书》要简单明确多了,也够精准,易读易学。儒学透过《四书》,圣人的义理似乎更好把握些。从此之后,朱熹的《四书章句集注》成了不论官场或民间最重要的一部书,也成了解释儒家思想最主要的根据了。

朱熹去世后声名胜过生前,元朝讲儒学的,多宗朱子学。明朝之后,明太祖朱元璋极力推崇朱熹,成祖朱棣还敕胡广等修了《五经大全》《四书大全》《性理大全》等书,都是以朱熹之学为主;政府举办的各项考试,都以朱熹的《四书章句集注》为"题库",不但在里面找题目,而且慢慢形成必须以朱熹的解释为正解的一种规矩。不仅如此,因地利之便,东邻朝鲜常与中国相交通,儒学也盛,但其儒学一向崇尚朱子学。即使明代中叶之后,阳明学逐渐散布开来,成为显学,朝鲜依然不为所动,大儒仍以朱子学为宗。

这当然也有道理,《宋史·道学传》引黄榦(字直卿,1152—1221)的话来形容朱熹说:

> 道之正统待人而后传。自周以来,任传道之责者不过数人,而其能使斯道章章较著者,一二人而止耳。由孔子而后,曾子、子思继其微,至孟子而始著,由孟子而后,周、程、张子继其绝,至熹而始著。

《宋史》为元人所修,从中可见元人对朱熹的看法,直接将朱熹比附为孟子,的确是极高的推崇,这种状况是朱熹生前无法料想到的。朱熹虽科举出身,但一生在官场上没有什么太大的成就,在世的时候,他的学术还曾被当时的朝廷视为"伪学",一度被严格查禁过,受到南宋朝廷与主流社会的排斥,其死后才受到世人的赏识。

朱熹《四书章句集注》成为明清两朝所有考试的依据,成了考生日夜讽诵的课本,影响既大且深。从正面讲,以朱熹解释为核心的儒学兴起了,从朝廷到整个社会都以儒学为正宗,朱学也变得显耀昌盛,在学术上,朱熹几乎成为孔、孟之后儒门最大的人物。但也有负面的作用,儒学昌盛恐怕只是个假象,大家抢着读《四书》,很少把心思放在学问上,而是把《四书》与儒家思想当成博取利禄的"敲门砖"。因为不管进学或做官的考试,试题都出自朱熹《四书章句集注》,而答题的内容也得依据这本书,这样一窝蜂地作过分的崇扬,反而扭曲了此书的价值。所谓"敲门砖",是指拣砖头来敲门,如视此学为敲门的工具,当门已开,目的已达,书就会被扔掉了。

所有的学术,一旦被视作工具,就会变质。学术的价值,是不能只用实际功用来涵盖的。当书里所谈的道德不再是行为,而成了一个需要费力解释的名词,而这名词只是用过即丢的工具,这就是把学问、道德工具化了。最糟糕的是,工具化了的知识与道德,往往是僵化了的,万一强要执行,这些僵化了的条目常常会成为人的枷锁。

朱熹《四书章句集注》里所显示的观点,集合了许多杰出学者的观点,朱熹的观点是最公允与持平的。但即使再公允与持平,一旦成了权威,弊病也会产生,因为既为权威,就不准许有另一种权威存在。至高无上的位置,让朱注变成自由诠释的杀手,学术上的弊害也因而产生了,这不能怪朱熹,这场面是后世人所造成,是朱熹所始料未及的。

朱子之学,本身也不是没有局限,任何一种学问,放大了看,总是有问题存在的。清代章学诚(1738—1801)在《文史通义·内篇·朱陆》中说:

> 性命之说,易入虚无,朱子求一贯于多学而识,寓约礼于博文,其事繁而密,其功实而难。虽朱子之所求,未敢必谓无失也。

依章学诚的说法,朱熹的儒学不走虚无,追求多学而识、博文约礼的方式,让儒学踏实而谨严,又认为进学而致知,须耐心做积铢累寸的功夫,因为朱熹说过:"上而无极太极,下而至于一草一木一昆虫之微,亦各有理。一书不读,则阙了一书道理;一事不穷,则阙了一事道理;一物不格,则阙了一物道理。须着逐一件与他理会过。"(《朱子语类》卷十五)但章学诚认为要到此地步是困难的,手续也太过烦琐了,因为"性命之学"不是故训之学,不是这样的求法。性命之学讲的是生命的体验,与实际的学问或知识不见得有太大的关联,要是从学问上求,往往得不到真相,所以朱子学自身也有其困顿之处。这牵涉到方向上的问题,是很难调和的,一个时代的胜局,过了时代,反而显出其败象了。

明、清的科举往往死捧着朱熹《四书章句集注》,连带使朱熹与儒学也受到波及,这可以从吴敬梓《儒林外史》中看到一些明清之际专走科举道路的士子的败象。

总之,朱子学到了明代中叶,因为大盛而成为一种学术上的禁锢,就有一群学者如陈献章(号白沙,1428—1500)、湛若水(字元明,号甘泉,1466—1560),还有王阳明等人,想要在禁锢中寻求解放与自由,便促成了另一派学问的展开。

## 三、朱学的困境与阳明的出现

儒学本身其实是很自由的,说朱子学为禁锢也很不当。《中庸》引《诗》曰"鸢飞戾天,鱼跃于渊",便是自由的象征。朱熹很喜欢题"鸢飞鱼跃"四字,因为它充满了活泼的意象。我们读《朱子语类》,看到朱熹的生活与思想,也是充满了自由的心灵的。朱熹注《四书》，博采众说，折中于己，不墨守，不拘泥，可见本身也是自由且开放的。后世过分地提倡与尊扬，考试又定为一尊，使得朱子学变成了权威。自元代起，朱子学又变成官方的儒学，这个"官学"造成儒学的不断扭曲，其实已非朱熹的真实面目了。

当朱子学或儒学被弄成这般光景时，就有有心人想帮儒学再找回其生命的源头活水，找回其中久失的活泼与自由，王阳明便是其中之一。他提出的意见最具体，这也便是阳明学兴起的原因。

王阳明（1472—1529），本名王守仁，字伯安。其名字，是从《论语·里仁》"仁者安仁，知者利仁"来的。明宪宗成化八年（1472）九月三十日，阳明出生于浙江余姚（今属宁波市）。

这里先解释一下阳明生死的年月问题。阳明死于嘉靖七年，以前有些人把他的生卒年定为 1472—1528 年，因为嘉靖七年正好是 1528 年，但阳明卒日是阴历的十一月二十九日，对应的是公元 1529 年 1 月 9 日，所以其生卒年准确的说法应为 1472—1529 年。

依据他的弟子钱德洪（字洪甫，号绪山，1496—1574）所编的《阳明先生年谱》，王家东晋之前是住在山东琅琊的，他们的先人王览（字玄通，206—278）曾经做过晋朝的光禄大夫，王览的曾孙就是有"书圣"名号的大书法家王羲之（号谵斋，303—361）。王羲之九岁时因避北方之乱而随家迁居江南的浙江，定居在山阴（今浙江绍兴）。原来王阳明与王羲之是亲戚呢！不但如此，阳明的墓地，也在王羲之写《兰亭集序》的"兰亭"附近。阳明虽出生在浙江余姚（所以历史上又称"阳明学"为"姚江学派"），但他们王家在山阴一直有产业，父亲王华在世时，又把家迁居到山阴一个叫"光相坊"的地方。好在山阴与余姚相去不远，之后阳明与家人常居山阴，所以阳明与山阴的关系，似乎比与余姚更为密切。

提起阳明的父亲王华，值得好好谈一谈。从曾祖王世杰开始，王家都是读书人，可以说是个里居的读书世家，但在王华之前，名声并不显赫。到了王华，却造成了轰动，那就是王华在成化十七年（1481）参加进士考试，竟考了当年殿试的第一名，中了科举的状元。这在古代，是非常了不起的一件盛事，我们看明清时的戏剧、小说，中状元岂不是人间的最高理想吗？王华竟然实现了。王华中状元的那年是三十五岁，儿子阳明十岁。

王华考了全国三年一次最高考试的第一名，从此之后，固然青云直上，霄汉可期（最高职位做到南京吏部尚书），但对阳明而言，却不是幸事，因为加在阳明身上的压力也自然更大了。

阳明自小有放荡不羁的个性（《年谱》上说他是"豪迈不羁"），说他放荡不羁或许有点负面，正面的说法是，阳明是一个极为崇尚自由的人。崇尚自由的人多能开放心灵，比较不会随俗俯仰。一般认为是的，他不见得也说是；一般认为非的，他也不会人云亦云跟着说非。这种人，往往会异想天开，常对一些已被认为合理的事物兴起怀疑之思，从而否决它的合理性。简单地说，阳明是个对事总是比较好奇、比较喜欢唱反调的人，也是个会独立思考的人。

阳明十一岁的时候，随父亲王华到北京居住。当时王华因考上状元而赴京,在翰林院任翰林院撰修之职(明代状元授翰林院撰修,榜眼、探花授翰林院编修)。他为儿子请了一位家庭教师,目的何在,明眼人一看便知,是想要阳明继承他的成就,至少将来科举能有高第,不辱王家的"家声"。想不到十一岁的阳明不是很受教,一天他突然问老师:"何为第一等事?"老师答:"惟读书登第耳。"登第就是金榜题名。想不到阳明立刻反驳说:"登第恐未为第一等事,或读书学圣贤耳!"

钱德洪编《年谱》载,阳明十五岁时曾登临北京附近的居庸关,便"慨然有经略天下之志"。所谓"经略天下",就是整顿天下,即人们常说的"以国家兴亡为己任"。当时阳明对兵法特别感兴趣,自己找了很多兵书来读,到处观察山川形势,思考军事上的防御与进攻诸事。阳明自少年对兵法保持兴趣,一生研究不辍,这跟他后来能够敉平明朝的三个"国家级"的乱事极有关联。阳明在军事上的事功,我将另辟一讲,此处不详说。可以知道的是,阳明自幼就是一个多方面发展的人,这"多方面"指的是他个人的才情与兴趣,也包括性格多元与情绪多变。一个多方面发展的人,是很难用一个简单的标准来界定的。

阳明对儒家之外的道教与佛教,也曾有高度的兴趣。他对道教的养生哲学曾一度入迷,十七岁时因父母之命到江西南昌迎娶(古代结婚都早,十七八岁结婚很普遍),结婚的对象是他远房表字辈的亲戚,姓诸。结婚的当天,阳明闲步到附近的道观铁柱宫,看到一个道士在里面打坐,出于好奇,便跟他攀谈起来,谈的是道教养生之道,想不到一谈就是整个晚上,连自己要进洞房的事都给忘了。第二天被妻家的人寻获,带了回去。

弘治六年(1493)起,阳明先后参加三次会试,直到弘治十二年才考上进士,当时阳明二十八岁。他考上进士虽然比父亲早,但成绩比父亲逊色,考上的不是状元。状元是进士的第一名,状元的地位稍高于一般进士,而之后的出路跟一般进士也没有太大的差别。中进士已很好了,这时他父亲的心愿终于达成。但中进士并不是阳明真正的目的,因为他早就觉得读书应举,不是君子的"第一等事",他之所以应试,是因为父亲给的压力,还有就是家庭与社会的期许。

《年谱》里还有些阳明青少年时代的描述,比如说阳明在他母亲肚里怀了十四个月还生不出来,后来"祖母岑梦神人衣绯玉云中鼓吹,送儿授岑,岑惊寤,已闻啼声。祖竹轩公异之,即以云名",所以阳明原名王云。

阳明五岁前不能言语,"一日与群儿嬉,有神僧过之曰:'好个孩儿,可惜道破。'竹轩公悟,更今名,即能言……"古人对伟大人物的诞生,总会编造些神奇的故事,这些话可能是真的,但假的居多,不可尽信。

《年谱》又记阳明二十二岁,正好是弘治六年(1493),参加春闱(古时进士考试在春天举行,故称"春闱")下第,宰相李西涯(即内阁大学士李东阳。明代不设宰相,此处宰相是俗称)曾对他说:"汝今岁不第,来科必为状元,试作《来科状元赋》。"阳明"悬笔立就,诸老惊曰:'天才!天才!'退,有忌者曰:'此子取上第,目中无我辈矣。'及丙辰会试,果为忌者所抑。"阳明是弘治十二年己未进士,之前两次会试均不第。屡试不第,这对古人来说并不稀罕,何况阳明只是两次没考上,是不是自己考运不济，或根本没考好，都有可能。《年谱》所记"忌者所抑"，老实说并不确凿。

《年谱》对阳明早年的记载，常有些穿凿附会的地方，这在其他年谱上也属常见，但读者还是应该有所注意。

阳明在三十五岁之前，曾当过一些初获进士名衔后"循例"该当的官，比如，在工部做过实习官员（当时叫作"观政工部"），做过刑部云南清吏司主事，也主考过山东乡试，又担任兵部武选清吏司主事，工作的地方大都在北京。

弘治十八年（1505），阳明三十四岁，当年五月，弘治帝（明孝宗）驾崩。明朝"好"皇帝不多，但弘治帝算一个不错的皇帝，自己品格还算好，也能谦恭，会用些贤达之士，比较会听大臣的话，君臣关系颇为和谐，所以历史上曾把弘治帝当成明代的中兴之君。

可惜好景不长，继位的正德帝朱厚照年仅十五岁，极其荒淫无道，喜好畋猎骑射，爱玩又贪婪，个性喜权谋却不做正事，民间传说"游龙戏凤"（又叫"江山美人"）的故事描写的就是他的荒唐。他还在宫廷私设"豹房"，成天在里面乱来，不理朝政；不但自己荒唐，也放纵手下群小胡作非为。最有名的是宦官刘瑾专权，明目张胆地在宫中与朝中做尽坏事。刘瑾伙同一批帮他跑腿办事的爪牙，一共是八人，也都是宦官，时称"八虎"（刘瑾、马永成、谷大用、魏彬、张永、邱聚、高凤、罗祥），到处兴风作浪，为非作歹，弄得宫廷内外一片大乱。

这种朝廷大乱是由皇帝造成的，自然该由皇帝负全责。但正德帝是"天命"，除非自律，否则任谁也奈何不了他。这种个性的皇帝上台，让弘治帝留下的老臣一个个紧皱眉头，却也无法可想。明朝不设宰相,但有内阁,曾经做过先朝内阁大学士(当时也称为首辅,地位稍似宰相,但裁度的大权还是掌握在皇帝手里)的如刘健(1433—1526)、李东阳(1447—1516)、谢迁(1449—1531)等人都上书极谏,但所上的书都到了刘瑾手里,正德帝大多没看到,即使看了,也置之不理。老臣眼见上书得不到回应,最后只有纷纷辞职归田。

当刘健、谢迁等老臣纷纷走人之后,还有一批年轻的臣子眼看国事日非,不愿沉默,也陆续上书请求皇帝改弦易辙,希望皇帝努力从政之外,不要再信任宦官,在南京做官的戴铣(?—1508)、薄彦徽(弘治九年进士,生卒年不详)、陆昆(弘治九年进士,生卒年不详)等都是其中的上书者。不料上书还未到皇帝手中,就被刘瑾等人先看到了,他们便假造皇帝的命令,把这群人抓进诏狱,每人廷杖三十,削籍为民,戴铣则被廷杖后死于狱中。

所谓"廷杖",是命令犯案的大臣在朝廷公开接受处罚,处罚的方式是用木杖用力打他的脊背,有些大臣身体不好或年纪大了,常会被当场打死。

中国古谚有"刑不上大夫"的话,是说要给士大夫留面子,果真犯了不可宽恕的大罪,可命他自裁,但绝不可过分地羞辱他。想不到明朝竟有廷杖这种制度,极不文明不说,对吏治也有极坏的影响。

阳明因辩戴铣案得罪朝廷,被廷杖四十,后被贬谪到贵州龙场。当戴铣案起的时候,阳明在北京的兵部担任一个七品的主事之职,可以说是个很小的官。但他义愤填膺,写了封信给皇帝,题目是《乞宥言官去权奸以章圣德疏》,其中有言谓:

君仁臣直。铣等以言为责，其言如善，自宜嘉纳；如其未善，亦宜包容，以开忠说之路。乃今赫然下令，远事拘囚，在陛下不过少示惩创，非有意怒绝之也。下民无知，妄生疑惧，臣切惜之！自是而后，虽有上关宗社危疑不制之事，陛下孰从而闻之？陛下聪明超绝，苟念及此，宁不寒心？

标题中的"宥言官"，是指请原谅向你进谏言的人；"去权奸"，则是除去专权的奸臣的意思，所指十分明白。当然跟其他的上书一样，这篇疏文一上到朝廷就被"权奸"先看到，阳明也被逮赴诏狱，并且被廷杖四十。诏狱是直属皇帝管的大牢，是在一般司法所管辖之外的，主管是太监。还好阳明当时年轻，身体也算好，能忍受皮肉之伤。他在监狱被关了些时候，于正德二年（1507）的夏天出狱后，便被贬官为贵州龙场驿的驿丞。

阳明用了半年的时间，从北京南下，到家乡待了一阵后再奔赴贵州。当时交通不便，再加上旅途发生了不少状况，所以耽误了不少时间，《年谱》在此年有记：

先生至钱塘，瑾遣人随侦。先生度不免，乃托言投江以脱之。因附商船游舟山，偶遇飓风大作，一日夜至闽界。比登岸，奔山径数十里，夜扣一寺求宿，僧故不纳。趋野庙，倚香案卧，盖虎穴也。夜半，虎绕廊大吼，不敢入。黎明，僧意必毙于虎，将收其囊，见先生方熟睡，呼始醒,惊曰:"公非常人也,不然,得无恙乎?"

当然有些是传奇的描写,而这段经历,常被好事者作铺陈故事之用,加油添醋,出神入化,不可尽信,但可见出,在贬谪旅途上似有朝廷某些政治势力介入,因而意外不断,甚至险些使阳明遭遇不测。

## 四、"始知圣人之道,吾性自足"

阳明在第二年也就是正德三年(1508)戊辰才到贵州龙场,时年三十七岁,在此地待了整整两年,一直到三十九岁才离开。这次被贬谪是阳明一生的转捩点。中国历史上不少名人,在经过人生变难之后,生命境界大开,终于成就极大事业。司马迁在《报任安书》中说:"盖文王拘而演《周易》;仲尼厄而作《春秋》;屈原放逐,乃赋《离骚》;左丘失明,厥有《国语》;孙子膑脚,《兵法》修列;不韦迁蜀,世传《吕览》;韩非囚秦,《说难》《孤愤》;《诗》三百篇,大抵圣贤发愤之所为作也。此人皆意有所郁结,不得通其道,故述往事,思来者。"正可证明此事。阳明居夷处困,到处行动不便,反而将平日的宠辱忘怀,身边一无交往酬酢的对象,枯寂的生活更触发了他颇为频繁的内心活动,这种转变,使得他在思想上的进程大步超前。《年谱》中记录了这段经历:

龙场在贵州西北万山丛棘中,蛇虺魍魉,蛊毒瘴疠,

　　与居夷人躲舌难语,可通语者,皆中土亡命。旧无居,始教之范土架木以居。时瑾憾未已,自计得失荣辱皆能超脱,惟生死一念尚觉未化,乃为石椁自誓曰:"吾惟俟命而已!"日夜端居澄默,以求静一,久之,胸中洒洒。而从者皆病,自析薪取水作糜饲之,又恐其怀抑郁,则与歌诗,又不悦,复调越曲,杂以诙笑,始能忘其为疾病夷狄患难也。因念:"圣人处此,更有何道?"忽中夜大悟格物致知之旨,寤寐中若有人语之者,不觉呼跃,从者皆惊。始知圣人之道,吾性自足,向之求理于事物者误也。

　　这段记录极为重要。阳明学的主旨在"良知"。要知道所谓"良知"是每个人都有的,即上文所说的"吾性自足",但有些人迫于习染,把良知弄得混杂了,或把原本有的良知弄丢了,以致良知不再,所以就得"致良知"了。所谓"致良知",是指把良知重新找回,而良知在心,自不能从外缘知识中寻找,当然也不能从书本中找,书中的是闻见知识,与良知无关,良知得从个人的身体力行中去发现,这就是阳明"知行合一"之说的来由。这个见解,是阳明在居夷处困时发现的。这段经历,对阳明而言十分重要。这一年是他一生最大的转折,也是他有着最大的发现的年份。

　　阳明在贵州前后待了三年,正德五年(1510),害他的宦官刘瑾因谋反涉罪而被凌迟处死,阳明的罪也就被平反赦免了,随即被任命为江西庐陵县知县。庐陵是北宋名臣与文学家、史学家欧阳修的出生地。阳明三月到庐陵,但没做满一年,十二月就又调任南京刑部四川清吏司主事,后又调任北京吏部,此后在各部调来调去，都不是很重要的职位。但在此期间阳明的声名鹊起，前来跟随的学生日渐增多。他因遭贬谪龙场曾于正德二年时短暂回乡，就有学生向他求学。他早期的学生徐爱（字曰仁，号横山，1488—1518，也是阳明的妹婿），就是此年称弟子的，之后，追随者渐多。在贵州时，也有当地学子加入。阳明此后日常主要的工作，其实是放在与学生的相处上面的。

当时他提出的良知哲学，很契合人心，很多人认为能救当时学术之弊，所以追随的学生更多了。正德八年（1513）十月，他又赴滁州，督导马政，做了一名管官马的地方事务性官员。滁州在安徽的长江沿岸，离南京很近，这地方也与欧阳修有关，他曾被贬谪滁州，以诗酒自放，筑有"醉翁亭"于此。第二年四月，阳明又被调升为南京鸿胪寺卿，官职比以前高了，但仍是个闲差。他很高兴，因为没太多的事可做，便成天与学生故旧聚在一起，得以彼此问难切磋。他的良知之学，也因不断锻炼修正而变得比以前更成熟。正德九年五月，阳明从滁州赶赴南京就任新职的时候，突然觉得往年自己本想"引接学者多就高明一路，以救时弊"，但又可能形成一个"空虚"之病，而且觉得自己的良知学与佛、道二氏之学也有些分不清楚之处，故立志要厘清。他说，居夷三年，再加上这几年的思考、沉淀，"始见圣学端绪"，"悔错用功二十年"。

阳明的良知学，在不断沉思、反省与自寻出路的努力中，也进入一个新的境界了。

# 第三讲

# 一、南、赣乱事

阳明从贵州贬谪回来后，过了几年清闲愉快的日子，这几年他的弟子数量大增，自己的学问也深觉有所精进，除了发现了"良知说"，还提出了"知行合一"的概念。还有一点是，阳明对传统、对学术的分际开始怀疑，当时很多人以"道问学""尊德性"来区分朱熹、陆九渊，阳明觉得这个分法或有未妥，认为这个说法太粗糙了。他有了新的想法，在与徐成之的书信中，批评了当时的宗陆学者王舆庵："舆庵是象山，而谓其专以尊德性为主，今观《象山文集》所载，未尝不教其徒读书穷理。……"又批评宗朱的学者徐成之，说：

> 吾兄是晦庵，而谓其专以道问学为事。然晦庵之言，曰"居敬穷理"，曰"非存心无以致知"，曰"君子之心常存敬畏，虽不见闻，亦不敢忽，所以存天理之本然，而不使离于须臾之顷也"。是其为言虽未尽莹，亦何尝不以尊德性为事，而又乌在其为支离者乎？（《答徐成之书》）

他怀疑传统学者的朱陆之辨太表面化，其实朱也"尊德性"，而陆也不尽废读书，陆学也有"道问学"的成分，从这一点看，朱、陆的区别并不很大，因此，朱、陆的不同恐怕不尽于此。阳明试图重新建立自己的一套看法，这正是他后来写《朱子晚年定论》的动机。

正德十一年（1516）九月，阳明四十五岁，又碰到让他人生发生转折的大事件，朝廷竟派他去平定江西南安、赣州一带的乱事。表面上看，这只是小地方有人作乱罢了，不算大事，但事实是牵涉甚广的头号大事。

自明朝中叶起，福建的汀州、漳州附近就因海上巨寇（日本海盗与中国沿海寇贼）不断，陷入不安与动乱。由于地处偏远，人烟稀少，又是中国东南沿岸，一开始，朝廷没有特别注意，后来乱事越变越大，逐渐向西边内陆蔓延，在内陆蔓延的不再是入侵的海盗了，而变成了山贼流寇。像这样的动乱，开始确是由外寇所引起，但也是地方长期不稳、民生长期凋敝所招致，到了正德十一年（1516）时，已成了涉及福建、广东、江西、湖南四省的大患了。这时江西南部、广东北部、福建西南到东南，还有湖南东南部，很多地方已成贼窝，百姓流离，民不聊生，官军不但不抵抗，有些还助纣为虐，甚至后来有些还成了贼军，横行乡里，牵连地区达四省之多，成了明代中叶之后的国家大患。

此事牵涉十分广大，表面是南、赣之乱，弄到后来，阳明必须出兵到中国东南沿海一带，"战区"极广。平乱必须依靠军队，军队由兵部统领，当时的兵部尚书名叫王琼（字德华，号晋溪，1459—1532），他很早就认识阳明，也深知阳明自幼熟读兵书、谙习韬略，在军事上有特殊的才干，便提名阳明为都察院左佥都御史，巡抚南、赣、汀、漳等处。所谓南，指的是江西的南安；赣，指的是江西的赣州；汀、漳分别指汀州、漳州，在福建南部沿海，当时是幅员广大但人口相对稀少的地方。

这是阳明第一次得到让他率领部众平乱的命令，而且区域之大,所涉事务之广,超乎事前所能想象。一方面,这个任命与他的职位并不相称,因为不久前他只是个刚从正七品升到从六品的官员,对朝廷而言,是个很低的官阶;另一方面,他虽曾热衷兵法,私下对军事一直有高度兴趣,但他是文职官员,不是武将,从来没有实际带兵的经验。对他来说,这个任命是个极大的考验。但阳明很有勇气,既想实践少年时领兵平乱的梦想,私下也想报答王琼的识人之明,就爽快地接受了。他在正德十一年(1516)九月得令,十月连忙回浙归省,在家乡待到年底,想是利用时机消化判断各种讯息,等胸有成竹,便立刻动身前往任所。第二年正月,他已到江西履新了。

阳明一到当地,就有极大的作为,可见他事先准备得十分周详。他认为,要想有兵可用,必须从整军开始。明代的军队,可分为中央军与地方军两种:中央所属是正规的军队,装备与训练都比较好;而地方军虽不能说不正式,但与中央军比较,无论装备、训练与实力都相差甚远。阳明不是将领,也不是正规军人出身,朝廷当然不会把国家的正式军队交由他统帅,他只能纠合、运用所属地方的既有武力。阳明到了江西的南安、赣州,第一件事就是集合早已涣散了的当地地方军队,立刻加以整编、重组。

明代地方的驻军,叫作"卫所"。卫所的特色便是兵农合一,为求与农民安土重迁的习俗配合,驻军几代驻在此处,并不调防,一方面可守土,另一方面又可务农自足,如此国家也可省养兵之资。这些军人在当地娶妻生子,已与地方结合为一体,优点是熟知地方形势,与地方人士打成一片,不足是这些军人装备老旧、缺乏训练,也因长期不调动,早已丧失了"动能",表面上算是军人,其实已几无战斗力可言,凭他们顶多只能维护当地的治安而已。阳明到了后才知道自己要先有一套选兵、编伍的方式,他对全国的军队制度,没有更动的权力,也没有必要,因为调动国家军队费时过久,牵涉过广,还不能保证必然有效,但对自己面前要率领的军队,他自然有调遣和掌控的权力。

阳明的办法是,在每个卫所仅选十分之一甚至二十分之一的年轻军人,选上的精卒,加以密集又严格的训练,再重新编伍,每队大约只有四五百人,不求阵容强大,只求是能战的健卒,以便于灵活作战。东南诸省,山川纵横,大规模的军队没有作用,小部队反而调动灵便。卫所兵士没被选为精卒的,则令其守土安乡,维持本地的治安。

阳明采用的是募兵制,但不是向外募兵,而是向既有的卫所募兵。所募集的兵卒,阳明给他们较好的待遇与福利,使其乐于作战,并且加强小队作战的训练,使其有机动且娴熟的山地作战能力。

这全新的选兵制度须经过中央批准,因为他得有兵部尚书王琼的全力支持,允许他便宜行事。不久之后,阳明亲自率领这些"新军"转战各地,竟然获得了极大的成就,敌寇纷纷瓦解、投降。不到两年,横行多年、祸及四省的贼寇,终于全部被清除了。

这是阳明第一次"出征",想不到大获全胜,这证明阳明平日所言的知行合一,"知"不是空知,"行"不是假行。

南、赣、汀、漳之乱平息后,正德十四年(1519),阳明四十八岁,其时正在江西,福州又有叛乱传出。这次叛乱在福建的北部，因为他对该地区比较熟悉，便又接到兵部嘱他克期赴闽平乱的命令。他接命后六月初九启行，十五日到了江西的丰城，想不到在迎接他的丰城知县顾佖处，得知宁王朱宸濠起兵叛变的消息。宁王是明朝的宗室，这次变乱非同小可。阳明得知后，权衡轻重，立刻决定暂不前往福建，而是打算设法就近阻止宁王势力的扩张。因为福州之乱只是地方性的小乱，而皇帝的宗室宁王高举反旗，则是影响全天下的大乱了。

## 二、宸濠之变

宁王朱宸濠（？—1520）是明太祖第十七子朱权的五世孙，分封在南昌。宁王起兵，开始时气势很盛，迅速从南昌进逼北方的南康，后来占领了九江，控制了鄱阳湖到长江中游一段。此时，乱事刚开始不久，如不阻止，让他顺势而下，万一取得明朝的另一首都南京，后果就不堪设想了。

提起首都南京也很有趣，必须作一说明。明朝有两个首都，而且都是正式的。明朝初年，太祖朱元璋原来定都南京，到了成祖（原燕王朱棣，都燕，即北京）时，才临时"迁都"北京（原来称作"行在"，指皇帝在外的临时办公处）。想不到这"临时"却不断展延，因种种原因，终于无法迁回南京了，但南京是太祖陵寝之所在，依然维持着首都的规模，除了皇帝不在之外，其余中央政府的组织，包括六部与其他机构都无一缺少。从这一点看来，南京就不是一般的城市，对明朝不论象征意义还是实际影响都十分重要。沿长江顺流而下，从九江到南京并不很远,所以当时非常紧张。

宁王宸濠起变是朝廷宗室的变乱,起因是宸濠本人的野心,另外是武宗荒政,也使得宸濠有起变的机会。严格算起来,这是朝廷的大丑闻。因此,阳明在正德十四年(1519)七月初五给皇帝的《奏闻宸濠伪造檄榜疏》中写道:

> 臣闻多难兴邦,殷忧启圣。陛下在位一十四年,屡经变难,民心骚动。尚尔巡游不已,致宗室谋动干戈,冀窃大宝。且今天下之觊觎,岂特一宁王?天下之奸雄,岂特在宗室?言念及此,懔骨寒心。昔汉武帝有轮台之悔,而天下向治;唐德宗下奉天之诏,而士民感泣。伏望皇上痛自刻责,易辙改弦,罢出奸谀,以回天下豪杰之心;绝迹巡游,以杜天下奸雄之望。定立国本,励精求治,则太平尚有可图,群臣不胜幸甚。

阳明很清楚事件的缘起,宁王叛乱是缘于野心,但也是正德帝诸事荒唐,国政混乱所致,所以阳明请求皇帝"痛自刻责,易辙改弦,罢黜奸谀,以回天下豪杰之心"。其时天下动乱已迫在眉睫,因此,阳明说:"且今天下之觊觎,岂特一宁王?天下之奸雄,岂特在宗室?"要求武宗"绝迹巡游,以杜天下奸雄之望",从改变自己做起,也算是说了实话。这仅是希望而已,做人臣的在此关键时刻不得不谏言,但阳明也知道以武宗的个性,真能做到他疏文所建议的,要比登天还难。

宸濠乱起,当时朝廷上下完全没有料到,所以一阵错乱。而阳明正好在附近,也知道宸濠之乱的严重性更甚,虽然得令去敉平福州的地方叛乱，没得到朝廷要他出兵江西的命令，但盱衡形势，南昌的险局显然要比福州的大太多了，故判断应先对付宸濠，等宸濠乱平，再从江西陆路到福建很便利，到时可再作打算。因为事起仓促，朝廷根本没有应付的方法，兵部奏请令阳明就近指挥。因为他刚平了南、赣附近的乱事，所以朝廷也就"顺理成章"地准许其就近指挥了。但阳明所得的"授权"不够充分，这完全是事起仓促，又加上明朝的军政体系很混乱，对他的任命有"顺水推舟"的性质。其实除了阳明这现成的人选之外，仓促之间，朝廷也确实无他人可用。

丰城就在南昌附近，阳明得令之后小心提防，精心部署，试图缩小宸濠乱事的影响范围。然而真正能让阳明指挥的军队其实非常有限，再加上兵部给他的权责不甚明确，很多地方的力量无法调度集中，他只得想尽办法，动用一切可利用的资源。然而所调集的兵勇因不熟悉他的统御方式，所以进退处置多显尴尬，不要说平乱，自己已先乱成一团了。这是阳明当时的真实处境。

还好阳明除了江西有不少故旧，在闽、粤两省也有些曾指挥过的部队，临时也可征调些来用，也有自动前来帮忙的，但所组的确是"杂牌军"。阳明知道，在这种情况下，统领军队绝不能犹豫，下军令必须准确又不动如山，"号令严明"是治"乱"军的第一步。他又用了一些特别的谋略，包括使用了"欺敌"的手法。譬如，通过假造的文件，到处散播消息，让宸濠知道朝廷其实早已"洞悉"宁王将反的阴谋，在各处都埋下重兵做好防备了。宸濠得到假情报，一时将信将疑，不敢轻举妄动，阳明就借机调动各地人马，试图包围南昌。

七月中旬,江西各地可用的兵已被调到江西临江府的樟树镇(在赣江口)。七月十八日,阳明誓师,北上屯兵丰城,距南昌仅一日行程了。不料这时宸濠的军队已从九江顺江而下,包围了安徽安庆。安庆方面,一是兵源不足,二是也没料到宸濠会围城,情势十分危急。宸濠万一占领了安庆,声势必定大增,到时再挥兵东进,攻取不远的南京,就易如反掌了。如同属"两京"的南京失守,那天下倾覆于宸濠,恐怕也不远了。

有人建议阳明挥军东北,以解安庆之围,但阳明以为此时当屯军南昌附近,让宸濠知道自家门口驻有重军,不敢轻举妄动。宸濠会考虑万一南昌失陷,自己必进退维谷,因为南昌是他的根据地、大本营。在这种情况下,宸濠就不敢倾全力攻打安庆,对整个局势而言,这可能是保全安庆最好的方法。安庆可保,则南京便可以无忧了,这是阳明的盘算。

另一原因是,阳明的军队是临时组成的,多是抽调地方的兵勇,算起来是个"杂牌军",作战的训练不足,军需与调度也是个问题,要他们长途作战,条件完全是不够的。要将这些杂牌军从长江中游移师到下游的安庆作战,不见得有必胜的把握;万一失败,则宸濠的声势更高,这是更重要的现实,不能不考虑。然而作战的事,有点像赌局,在底牌亮出之前,谁都不一定有把握。万一阳明按兵不动,而宸濠孤注一掷地拿下安庆,进而兵临南京城下,则形势大变,危机便也更不可料了。所幸的是,阳明经反复研究判断后,很有自信,不为他言所动,军队整顿完毕后,很果决地挥兵南下,以迅雷不及掩耳之势直探宸濠大本营。这个举措,宸濠与他的部下并未料到。阳明决定迅速进攻,号令极为严明,果然很快地在七月二十日攻下了南昌。

宸濠一听南昌失陷,立即陷入两难地步。他的大军已在安庆城外,如全力进攻,此城应指日可下。许多人劝他先不要管南昌,应快速拿下安庆,然后再挥军东向,快攻南京;拿下南京之后,就立登皇帝之位,等大半江山底定后,南昌自然宾服。这确实是一步好棋,因为沿江而下,朝廷并无太大的天险可守,再加上兵起突然,江左并无万全准备,宸濠想攻下安庆甚至南京,并非一无机会。

正如阳明所料,宸濠听到大本营南昌落入阳明之手后大惊,立刻放下安庆之围,调兵回来争夺南昌,这下安庆未得而南昌已失,军队仓皇奔走路途,宸濠之势便大不如前了。此时阳明这边也并不乐观,他四处请援,但也无具体消息。明代中叶因承平日久,已无所谓大军可用,再加上军政与军令系统紊乱,正式军队阳明也调不动,他虽占领了南昌,却只是地方临时募集的兵勇,力量甚为单薄,想要与宸濠的大军正式对决,恐怕还谈不上胜算,因为宸濠对此叛乱已准备很久了。

所以,阳明此战,一定要斗智胜过斗力。阳明知道自己兵力不如对方,但优点在自己已攻克南昌,属于以逸待劳的"逸"方,而宸濠是进退失据的"劳"方,天时、地利都有利于自己,要谈人和,宸濠也许人多,但叛乱者总是心虚些,口号喊起来不响,至少不如阳明"勤王"来得义正词严,这战争只要拖下去,对宸濠而言绝对是不利的。

果然隔了两天,阳明向北"收复"了鄱阳湖西岸的南康与长江口岸的九江。九江是长江的"咽喉",宸濠前些时候便是因得了此地而声势大振，想不到此时已落入阳明手中。宸濠身陷江中，已失去了所有的"根据地"，便更加慌乱，仓促之间与阳明大军在鄱阳湖相遇而激战。七月二十六日，阳明军大胜，并且生擒了宸濠。

《年谱》记了一段插曲式的文字，说宸濠就擒，乘马入南昌，望见远近街衢行伍整肃，笑着说："此我家事，何劳费心如此！"见到阳明，宸濠说自己一位姓娄的妃子生前曾对自己苦谏，"未纳，适投水死，望遣葬之。"后来果然寻获尸体，妥善地予以安葬了。宸濠的这位娄姓妃子，原来是阳明十八岁携新妇归浙时曾拜访过的江西大儒娄谅的女儿。

平定宗室宸濠之乱，这显然是明朝的"中兴"大事，但事情后来的发展却有点令人匪夷所思。正当阳明生擒宸濠，上书告捷，并准备北上"献俘"之际，兵部在皇帝的授意之下，却要正式地"命将讨贼"起来。更荒唐的是，好玩的正德皇帝任命自己为"奉天征讨威武大将军镇国公"，领了京军一万多人浩浩荡荡"南征"起来。他们早知道宸濠之乱已平，宁王已成俘虏，却不许阳明张扬此事，也不许阳明北上献俘，说"元恶虽擒，逆党未尽，不捕必遗后患"，命阳明原地等候御驾。

这是场不折不扣的闹剧。阳明多次上书无效后，便觉得兴味索然，不想陪这群人再玩下去了，打算献俘之事办理停当后，便请求致仕，从此不再管朝廷和政治的事了。后来宦官头目张忠屡命阳明把宸濠带回鄱阳湖一带，要宸濠配合演一次与正德帝（自称"威武大将军"）大军决战的戏码，"而后奏凯论功"，把制胜的首功非送给皇帝不可。其实那时宸濠身体非常虚弱，已是将死之人，这戏想演也演不成了。

而此时的阳明也因久病未得医治,身体感到虚弱,亟思摆脱。再加上戎马倥偬之际,祖母岑太夫人逝世,父亲王华也身染重病,阳明此时的心情极坏,匆促之间便把宸濠交给另一宦官头目张永,自己则称病先到杭州净慈寺养病去了。《明史·王守仁传》记载了这段经历:

> 帝时已亲征,自称威武大将军,率京边骁卒数万南下。命安边伯许泰为副将军,偕提督军务太监张忠、平贼将军左都督刘晖将京军数千,溯江而上,抵南昌。诸嬖幸故与宸濠通,守仁初上宸濠反书,因言:"觊觎者非特一宁王,请黜奸谀以回天下豪杰心。"诸嬖幸皆恨。宸濠既平,则相与媢功。且惧守仁见天子发其罪,竟为蜚语,谓守仁先与通谋,虑事不成,乃起兵。又欲令纵宸濠湖中,待帝自擒。

《明史》说的是事实,对当时处境的判断也很正确。

## 三、丁忧下的王阳明

在正德帝这方面,从正德十四年(1519)八月南下"亲征",其实是遂了他平日好玩的心理罢了,想不到这次他还要全国上下都陪着他一起玩,真是中外历史上少有的荒唐了。阳明在七月三十日上皇帝《擒获宸濠捷音疏》中历述平宸濠经过,不免说了些客套的话,如:"以万余乌合之兵,而破强寇十万之众,是固上天之阴骘,宗社之默佑,陛下之威灵。"但文后还是说了要说的话：

> 伏愿皇上论功朝锡之余，普加爵赏旌擢，以劝天下之忠义，以励将来之懦怯。仍诏示天下，使知奸雄若宁王者，蓄其不轨之谋已十有余年，而发之旬月，辄就擒灭，于以见天命之有在，神器之不可窥，以定天下之志。尤愿皇上罢息巡幸，建立国本，端拱励精，以承宗社之洪休，以绝奸雄之觊觎，则天下幸甚，臣等幸甚。

正德帝御驾亲征，一方面显示了他的幼稚，好大喜功，另一方面，也是谁都看得出来的，他的目的根本不在平乱，而是阳明所说的"巡幸"游玩。正德帝在南京待了将近一年，正德十五年（1520）闰八月初八日在南京办了个盛大的宁王受降仪式，隔了几天才决定回北京。回程路上，正德帝在钓鱼的时候不慎落入水池而得病，从此卧床不起，正德十六年三月驾崩，死的时候才三十一岁。由于没有子嗣，由堂弟朱厚熜入继大统，是为世宗，年号嘉靖。

嘉靖帝即位，嘉许阳明的战功，诏封阳明为"新建伯"。巧的是，正德十六年十二月十九日朝廷使者来时，正遇到阳明父亲王华的生日。这次的册封，使得王家上下充满了喜气，阳明当然并不看重此事，而这个荣誉对他父亲王华就显得十分重要。这次封爵是王华一生最大也是最后的安慰，因为次年二月，也就是阳明得册封之后不满两个月，王华就去世了。

但此时的阳明无论军功还是学术，仍不断引起争议，妒

忌、诽谤之声无日不起。在北京的朝廷上下,批评的声音与行
动比南方的要大得多。嘉靖帝虽给了"新建伯"的爵号,阳明
敬辞未获准,但封爵所给的赏赐,却无一落实,如制文上写:
"王守仁封伯爵,给与诰券,子孙世世承袭,照旧参赞机务。"
"王守仁封新建伯,奉天翊卫推诚宣力守正文臣,特进光禄大
夫、柱国,还兼南京兵部尚书,照旧参赞机务,岁支禄米一千
石,三代并妻一体追封。"(《辞封爵普恩赏以彰国典疏》)除了
空的名称,有关该给的如"岁支禄米一千石"等,完全是没有
的,以名实相较,才知道这是个天大的笑话。

　　阳明知道所谓功业,其实是偶然所得,而人格的锻炼修
养,比起军功成就更为重要。因为人格的高低,才是自己能够
充分把握,也无须求于他人的。这几年他忙于军务,却从未忘
记要建立自己的学说,也就是良知说更坚实的基础究竟该落
在何处等问题。有趣的是,自从他到滁州后,身边总跟着一群
学生,平南、赣、汀、漳之乱时,平宸濠之乱时,都有不少学生跟
着他。《年谱》记阳明平宸濠进南昌城,说:

　　　　先生入城,日坐都察院,开中门,令可见前后。对士
　　友论学不辍。报至,即登堂遣之。

　　可见阳明所至,经常有不少朋友学生跟随。那些学生随
时听到阳明的言教,随时看到阳明的身教,当然也能体会到身
体力行、知行合一的重要了。关于阳明心学的形成与发展,我
后面会有一讲专门论述,此处暂时不谈。

　　嘉靖元年(1522)王华死时,阳明已五十一岁。阳明只

活了五十七岁,此时已算到了他的"晚年"了。朝廷改元,中央要员也多更换,原本十分支持他的兵部尚书王琼失了势,阳明也遭波及。敌对势力传出消息,说阳明在宸濠初叛时曾有意勾结宸濠。当然这是毫无根据的恶意中伤,但还是造成了伤害,他们建议朝廷夺其封爵。这些斗争,看得出来都是朝廷政争的延续。而阳明志趣不在此,他数度上书辞封,虽嘉靖帝亲批"所辞不允",但北京的谤议并未停止,影响所及是阳明所主张的良知学也因此而被讪谤,最大的理由是阳明良知之学与朱子学是相抗的,而官学一向宗朱熹。幸好阳明因丁忧居丧,隐居在家,避开了朝廷的是非与争议。嘉靖二年,阳明在越,《年谱》记有几个大弟子与阳明一起讨论阳明被讪谤的事:

> 邹守益、薛侃、黄宗明、马明衡、王艮等侍,因言谤议日炽。先生曰:"诸君且言其故。"有言先生势位隆盛,是以忌嫉谤;有言先生学日明,为宋儒争异同,则以学术谤;有言天下从游者众,与其进不保其往,又以身谤。先生曰:"三言者诚皆有之,特吾自知,诸君论未及耳。"请问。曰:"吾自南京已前,尚有乡愿意思在。今只信良知真是真非处,更无掩藏回护,才做得狂者。使天下尽说我行不掩言,吾亦只依良知行。"

当然,全文的主题是阳明已看清世界的真相,并且找到了自己哲学思想的目标,"信良知真是真非处,更无掩藏回护",朝着良知勇往直前。阳明此时,已没有任何事需要"掩藏回护"的了,但由学生言谈,可知阳明此时"谤议日炽",是很严重的。

表面上受封"新建伯"是个至高的荣耀,其实对阳明而言并无好处。北京朝廷上,大学士杨廷和(1459—1529)与兵部尚书王琼素不合,杨不满阳明将平乱之功只记在王琼一人身上,所以对阳明与阳明的学生都很不客气。其实北方一直有很大的反对阳明的势力。阳明虽有不世的军功,但朝廷有一大伙人,包括张璁(1475—1539)、桂萼(?—1531)等人对阳明一直极为不满,不断找阳明的碴。据《明史》所记,阳明受封新建伯,表面是一盛事与荣典,但实际只是个"不予铁券,岁禄亦不给"的空名,而且这个空名在阳明死后,又随即被追夺掉了。这次追夺,终嘉靖朝都没有恢复,到了下一任皇帝穆宗隆庆元年(1567)才又追赠,并给了"文成"的谥号,而此时,阳明已死了三十八年了。

回过来说,这次阳明丁忧居乡,确实使得他有了休息的机会,也一并躲过了宸濠之乱后的政争。那政争实因改朝换代而起,权力核心的调整,随之引起官场职位的大调动。这些烦恼与危机,阳明因为在家守制而避免掉了。他在浙江待了三年,足不出户,讲学不止,来山阴向他求教的人络绎不绝,书院往往人满为患。很多人慕名而来,但不常见到阳明,平常的教学往往由他大弟子如王畿、钱德洪或从泰州来的王艮担任"教授师"。所谓"教授师"即教习上的助教,平时由他们代为授课,如有大问题,才由阳明出面解决。

这种不再做官、居家教学的生活,阳明守丧完毕后仍然延续了两三年,这是阳明一生最闲适又自得的日子。嘉靖六年(1527)四月,他的大弟子邹守益帮他编了套《阳明先生文录》,共四册,刊刻于安徽广德,阳明事先还为各篇标注了撰写年月,这是自初版《传习录》之后,第一次出版阳明的文集。

阳明当时的学生,有当官的,有科举高第者,更多是市井好学之士。学生之中,有年纪大过阳明的,如《年谱》记有董沄来学:"海宁董沄号萝石,以能诗闻于江湖,年六十八,来游会稽。闻先生讲学,以杖肩其瓢笠诗卷来访。入门,长揖上坐。先生异其气貌,礼敬之,与之语连日夜。沄有悟,因何秦强纳拜。先生与之徜徉山水间,沄日有闻,忻然乐而忘归也。"孔子曰:"自行束脩以上,吾未尝无诲焉。"阳明也一样,所以各地来归的学生很多,少长兼有,学生进退也很自由。嘉靖三年(1524)中秋,阳明与弟子聚于天泉桥,《年谱》有记:

> 中秋,月白如昼,先生命侍者设席于碧霞池上,门人在侍者百余人。酒半酣,歌声渐动,久之或投壶聚算,或击鼓,或泛舟。先生见诸生兴剧,退而作诗,有"铿然舍瑟春风里,点也虽狂得我情"之句。

从上面的描述,大约知道平日跟在阳明四周的学生,总数大约总有百人之多。学生跟阳明不只是上课,他们是在一起生活的,所以就是一个相当大的团体了。此时阳明的处境如何呢?尽管外面的政争风雨不断,但对他而言都是局外事,跟自己是无关联的。阳明在教学之中,容许学生自由思考,也鼓励学生不断拓展自己的生命力,不加任何无谓的限制。他自已很喜欢过这种生活,所以十分放松,言谈之中处处显示机智与幽默,像鸢飞鱼跃般的活泼。这段在乡的时间,应该是阳明一生最畅快的日子了。

## 四、思、田的变乱与初到广西

好景不长,到了嘉靖六年(1527)的五月,突然又传出了广西田州的岑猛部将作乱的消息,朝廷一时找不到能平此乱的人才,便又想到了阳明。

此事要稍作说明,广西的田州、思恩,在现在广西的南宁附近,汉代属交趾郡,唐代属邕州府,元朝改为田州路,设田州路军民总管府。此地向来是少数民族聚居,地属僻远,汉人很少,但因控制着中国与今越南往来的咽喉,自古就是战略要地。

洪武元年(1368),明军下广西,这个田州军民总管府的总管岑伯颜率先归附明朝。洪武二年,朝廷将府名改成田州府,任命岑伯颜为知府,可以世袭。知府、知县在其他地区是"流官","所谓"流官"是指此官职有任期,官员须依任期交接轮替如流水移动,但边疆地区的地方官如有其必要,便也可改为世袭,就变成了所谓的"土司"或"土官"了。

岑伯颜三传到岑溥,生有二子岑猇、岑猛。弘治十二年(1499),岑猇因失父爱,弑父,此时岑猛才四岁,而岑溥的部将黄骥、李蛮发兵杀了岑猇。岑猛从小在几派土著人马的争夺中长大,又在朝廷对边疆少数民族或怀柔或征讨的矛盾中生存,性格变得十分复杂,长大后领导部众时叛时顺,朝廷对他一时难以掌控。

朝廷对这些少数民族的政策一直不是很确定,以官制而言,究竟应采用全国一致的地方官制度以"改土归流"呢,还是因地制宜地"改流归土"呢,往往举棋不定,其实如充分了解"土司"的真正问题所在,设专法以解决是不难的。但明代派驻地方的统领官,多数理政程度不够高,尤其是在田州这样的边区,官员素质更差。他们往往不明症结所在,又很自私,每逢小的变乱,往往尽力张扬扩大,造成恐慌,以期争取不明真相的朝廷所给的各项利益,以逞私欲。

平乱无力,治丝益棼,这是朝廷官方的窘态。其实早在嘉靖五年(1526)五月,岑猛已死,嘉靖六年所谓的"岑猛之乱"已不是岑猛在作乱,而是田州土目卢苏与思恩土目王受在作乱了。官军因政策摇摆,剿抚无方,原本不大的动乱有日渐扩大的趋势,当时主管此事的提督都御史姚镆在田州、思恩都失陷了之后,曾"复合四省兵征讨,久弗克"。眼见事态扩大,朝廷在大臣张璁、桂萼的极力推荐下,特命阳明总制军务,"督同都御史姚镆勘处彼中事情",请阳明与姚镆合作戡乱。阳明因病上疏力辞,而朝廷却会错意了,以为阳明无意与姚镆合作,便请姚镆致仕,要阳明全权负责,这是阳明始料未及的。

另一方面,此时的阳明其实已重病在身,得了"痰疾",长久咳嗽不断,显然是一种与肺、气管相关的疾病。这种病须长期疗养,不能劳顿,广西极辽远,地处中国与越南接界的极南之地,对他的身体当然更是极大的考验。接到朝廷的命令,阳明是在屡次辞任无效之后才勉强动身前往的。

阳明在嘉靖六年(1527)九月初八启程前往广西,在前一日的晚间,他与弟子王畿、钱德洪在天泉桥讨论良知学的一个重大问题,引起了王、钱二人"四无""四有"的不同体认,这就是有名的"天泉证道"。阳明听他们各抒己见之后,在总结中做了一次大调和,表面是调和,而事实是点明了两种说法的矛盾性,显示出阳明学在阳明死后有继续开展,也有进一步分化的可能。这是阳明与这两大弟子最后一次面对面讨论哲学上的问题。

阳明从富春江往上经过衢州、广信(上饶),再经鹰潭入鄱阳湖到南昌。南昌是阳明经常往来的"旧地",跟他特别有缘。他少年时娶妻于南昌,后来平定了江西南方的南安与赣州之乱,也常来南昌。平定了宸濠之乱后,所光复的地方也是南昌。阳明的弟子后学来自全国各处,其中以江西的最多,而且学行都十分笃实,最有名的是邹守益、罗洪先、欧阳德、聂豹等人,《明儒学案》称这些学生为"江右王门",对他们评价极高。连列名"泰州学案"的罗汝芳,也是江西人。阳明的这次旧地重游,自然引起各方与学生的欢迎,但因有要务在身,不能久留。他在南昌参谒了孔庙,并在明伦堂公开演讲了一次,讲题是"四书"中的《大学》。

阳明一路南下,十一月十八日到了广东的肇庆,两日之后,到达广西的梧州,随即在梧州开府,处理广西一地的军政事务。他曾在南、赣实施过的军民编组工作,收效很好,这次又立即重新展开。其中有一个叫"十家牌法",在维持地方治安上,发挥过很好的功能。所谓"十家牌法",就是把十家组织为一个单位,实施连保连坐,彼此监督,有功同赏,有罪同罚,在动乱地区举查、防止宵小最为有效。必须先安内才能够攘外，这是"战地政务"最紧迫的事。其次，展开侦访，到处打探消息，各种消息来了后，他以独到的眼光加以研判，几天之后，得出结论，这次乱事其实不如外传的那样严重。

朝廷最初给他的任命是"总制军务"，可以调动两广、江西、湖广三区的军队，而地区的行政权还掌握在当时都御史姚镆(1465—1538)手里，阳明等于是来接姚镆的位置。姚镆对平乱不是没有贡献，岑猛就是死在他手里，但他平乱之后不太会治理，大乱平了，小乱还是不断，终至小乱又变大了，弄得无法收拾。再加上姚镆不善交际，跟朝中人物如霍韬(1487—1540)、方献夫(1484—1544)、张璁、桂萼的关系比阳明处理得更不好，所以朝廷命阳明前来替他。阳明初来时，姚镆并未离职，军权仍在手。等到姚镆接令致仕，阳明才正式拿到广西地区的军政大权，得以进行前文说过的要平乱前须处理的事情。

阳明初到的时候，因姚镆仍在，他只能"暗查"，在了解了各方的实力之后，也作了最基本的部署。他研判的结果是叛乱者的势力没有起初所说的大，几个谋叛的首领也不是那么足智多谋，只要用心，对付起来并不困难。调动广大地区的军队来对付一个小区域的叛乱，阳明觉得有点小题大做了。何况广西群山叠嶂，很多地方人迹罕至，大军到此是否有作用也是个问题。

# 第四讲

# 一、广西乱平

嘉靖六年(1527)正月,那时阳明已五十六岁,他在病中得令到广西去平思恩与田州的边乱。当时阳明的身份是"总制军务",可以提领两广、江西、湖广三区的军队。人到广西桂林,他才知道自己非但动不了军队,甚至当时领边区政军的都御史姚镆也不愿交卸职务。阳明初到,完全无着力处。朝廷得知姚镆霸着位置不肯配合,便立刻下旨令其致仕,等到阳明遂行统领的职责,时间已到嘉靖六年的年底了。要知道阳明只活了五十七岁,这是他在世的最后几个月了。他曾上疏朝廷请辞此项任命,疏文中说:"顾臣患痰疾增剧,若冒疾轻出,至于偾事,死无及矣。"他担心自己的病会害了平乱的大事,文中对自己疾病的叙述是完全真实的。

既已到前线,阳明只有不顾自己身体的好坏,奋力向前了,幸好他神志尚十分清明,专注于目前平乱之事。他之前对此类事务有切身的体验,当年平定南、赣、汀、漳诸乱,发现大部队、大阵仗是一点用都没有的,而此地山脉纵横,少有民居,比起南、赣更为荒凉。他又观察到山区行军,编制小的军队很灵活,小规模军队才堪大用。他平定宸濠之乱,所率领的军队数量比宸濠的叛军少得多,而且多不是正牌,而是散兵游勇式临时拼凑出的部队,但不论陆战、水战都稳操胜券,可见制胜的关键不在人多。阳明对局势的观察很精细,也能很快地做出准确的判断。他认为犹疑有时比错误的决定还糟糕，错误的决定可以再行补救，而犹疑等于丧失了天时，当天时已去，就很难追回了。所以阳明的决断往往下得很明快，而且一经确定就毫不游移地全力以赴，使命必达，这是处理军事、带兵遣将最重要的手段。他在到达梧州十二天之后，就明快地对当前局势作了判断，立即上书朝廷，提了不少建议。

阳明的判断是岑猛父子虽然有可诛之罪，但是朝廷处置不当，才是他们作乱的主因，而且称兵作乱的只有为首的如卢苏、王受等几人而已，其余都算无辜受牵连者。何况就算卢苏、王受阻兵据险，在阳明看来，不过是"畏罪逃死，苟为自全之计"，也有被逼的成分。以军事考量，朝廷派大规模军队征剿，当然胜面居多，但是否值得，是需要慎重考虑的。

阳明建议：一是公开宣布赦免卢苏、王受二人之罪，令其改过自新；二是令田州、思恩立革"改土归流"之议，仍设土官，以适合当地实际民情。他在上书中特别言及历史上"改土归流"的问题：

> 臣又闻诸两广士民之言，皆谓流官久设，亦徒有虚名而受实祸。诘其所以，皆云未设流官之前，土人岁出土兵三千，以听官府之调遣；既设流官之后，官府岁发民兵数千，以防土人之反复。即此一事，利害可知。且思恩自设流官十八九年之间，反者数起，征剿日无休息。浚良民之膏血，而涂诸无用之地，此流官之无益，亦断可识矣。

可见,"改土归流"是边疆问题的关键。阳明上书朝廷已说得很清楚,但得到的回应是,军事部分应剿抚并用,民事部分,应土应流的问题是全国的事,还要通盘考虑,不能立下结论。

十二月初五,阳明到达平南县,与前都御史姚镆行公务交接。交接后,他即派员与反叛者卢苏、王受联络,告以自己虽大军压境,但打算采用宽大的态度处理,希望对方罢兵以接受招抚。

为表示诚意,阳明在十二月二十五日亲临南宁府之日,即行文广西右布政使林富,下令将之前调集在前方的各地官军先予解散撤回。这是一个极为冒险的行为,有点孤注一掷的味道,万一对方看你示弱,对你的要求不加理会,岂不酿成大错?但阳明善于综理乱局,判断一向很准确。他事先仔细调查过,看似大胆,其实小心。他命前线之兵撤退,但戒备并未放松,仍然要军队保持机动,让敌人知道自己始终保持进攻之势,这叫作恩威并施、剿抚互用。十二天之后,嘉靖七年正月初七日,首领卢苏、王受自度无法胜过比他们强大的官军,只得领了叛变的诸头目到阳明军门请降,表示愿意接受朝廷的招抚。

这是天大的喜讯,正如阳明日后上皇帝的《奏报田州思恩平复疏》中所说:

> 地方之事幸遂平定,皆皇上至孝达顺之德,感格上下,神武不杀之威,震慑鬼神,风行于庙堂之上,而草偃于百蛮之表,是以班师不待七旬,而顽夷即尔来格,不折一

矢,不戮一卒,而全活数万生灵。是所谓"绥之斯来,动之斯和"也。

"不待七旬,顽夷即尔来格"是用了古代传说出征三苗之夷,七旬(七十天)有成的典故,《尚书·大禹谟》有"有苗弗率,汝徂征"与"七旬有苗格"之句。阳明平定苗乱,前后才十多天,并没有用七十天之久,而且双方不折一兵一卒,结局是皆大欢喜。但阳明认为卢苏、王受等人罪在"骚扰二年有余,至上烦九重之虑,下疲三省之民,若不略示责罚,亦何以舒泄军民之愤?"于是下卢苏、王受于军门,各杖之一百,乃解其缚。

思、田之乱终算解除,阳明在广西的责任已了。他曾建议朝廷再次讨论"改土归流"之议,但也知道事关全局,短期内恐怕得不到结论,便又建议先采用土、流兼用的政策,以作观察。但这事究竟不如平乱紧急,国家的边区很多,牵涉广大,也不是可以"立决"的,像这类的上书往往"不报",也就没了下文。

为了贯彻对思恩、田州少数民族的应许,阳明觉得自己不能轻易辞职离去,后面的"善后"措施比平乱的军政行为更为重要。所以,乱事平定后,他便忙着在思、田兴学校、倡乡约,而且在南宁办了个很具规模的敷文书院,请同乡大儒季本(字明德,号彭山,1485—1563,也是阳明弟子)来主讲,试图以教化来"化民"易俗。这是他平乱望治的一贯方式,之前在平定南、赣之乱时就用过。

广西的八寨与断藤峡一带一直很不稳定,当地的贼寇往往勾结交趾(今越南北部)地区的寇盗作乱,动辄数万人。以前因有思、田为患,官军无力顾及,致使他们声势渐大。阳明平思、田之后,便注意到此问题,嘉靖七年七月间,令布政使林富、副总兵张祐等出贼寇之不意,分道征讨,一个月之内大破诸贼,斩获贼寇三千有奇,这次征讨也大获全胜。

## 二、死亡之旅

阳明这次到广西,是带着重病去的,嘉靖七年(1528)十月,疾病更为剧烈,有时甚至终日卧床不能下地,遂上疏告疾请辞。但多次请辞,都以"不报"作答,朝廷根本不予理会,阳明知道这样拖下去,只有拖到死了,这次他下定决心不待朝廷回音便径自离职。他上疏说:

> 臣自往年承乏南、赣,为炎毒所中,遂患咳痢之疾,岁益滋甚。其后退伏林野,虽稍就医药,而疾亦终不能止。自去岁入广,炎毒益甚,力疾从事,竣事而出,遂尔不复能兴。今以舆至南宁,移卧舟次,将遂自梧道广,待命于韶、雄之间。夫竭忠以报国,臣之素志也,受陛下之深恩,思得粉身斋骨以自效,又臣之所日夜切心者也。病日就危,而尚求苟全以图后报,而为养病之举,此臣之所以大不得已也。

这次疏文依然是没有得到回复,而阳明自知已拖不下去,不得不走了。于阳明而言,他已病入膏肓,没有不走的理由,然而没得到上级批准而径行离职，违反了"官箴"，从法律上言，是不合法的，这也是阳明死后被人弹劾所持的理由之一。但他确实病重，再加上要平乱的事确实已了，而且他预计等他到了广东韶关一带时，必可得到朝廷的正面回音，便把事务交代手下后径自离开了。

因为重病，阳明回程走得很慢，有时候觉得身体好些，也会顺便到一些事先没规划的地方，有点游历的性质，这一点亦可见阳明有些任性。中间他经过广东增城，其地有阳明五世祖王纲的庙。王纲字性常，在元末明初是个亦道亦儒的人物，曾与诚意伯刘基友善，见过太祖洪武帝，先拜兵部郎中，后擢广东参议，死于苗难。阳明又路经好友湛若水的家。湛若水是大儒陈献章的大弟子，也是一时的名儒，在北京任官时与阳明交好。阳明到时，不巧湛若水外出，只见到了其家人。此行匆匆，看他留诗《题甘泉居》，其中有"十年劳梦思，今来快心目。徘徊欲移家，山南尚堪屋"句，可见当时身体还一度平稳，心情也甚佳，甚至还浪漫地想到有一天搬来广东与湛若水为邻呢。

阳明在旅途又遇一伏波庙，便进去祭拜。伏波庙所祭祀的是东汉时大将马援（字文渊，封伏波将军，前14—49）。在两广与中国南部诸省，伏波庙不少。马援老年出征交趾，为汉朝开拓南方疆域，贡献很大，回程死于旅途，当时毁誉不断。虽相去千余年，但阳明总觉得自己与马援当年的遭遇有点相像。更奇的是阳明十五岁时随父亲在北京，曾梦谒过伏波庙，还在梦中题诗其上。他的一生，常把自己与马援相比。譬如正德十一年（1516）丙子，阳明初授都察院左佥都御史，出征南、赣；

一年后,阳明四十六岁,有《喜雨》诗三首,其中一首有"片云东望怀梁国,五月南征想伏波"之句。伏波之想,不仅在其少年,及壮后也常在念中,不料此次归途又有此奇遇。这次所见历历,阳明不由得兴感再题诗《谒伏波庙二首》,其一曰:

> 四十年前梦里诗,此行天定岂人为?
> 徂征敢倚风云阵,所过须同时雨师。
> 尚喜远人知向望,却惭无术救疮痍。
> 从来胜算归廊庙,耻说兵戈定四夷。

"四十年前梦里诗"即指阳明十五岁时梦谒伏波庙之事。最后两句"从来胜算归廊庙,耻说兵戈定四夷",一方面说的是当年马援死后遭弹劾的故实,另一方面也预想未来自己与朝廷的关系不妙,可能会遭遇险恶。不幸被他言中,阳明生前死后谤议丛生,久久不能平复,连他的良知之学,也几度被视为"伪学"。

阳明于嘉靖七年(1528)十一月二十五日到了江西南安,二十九日辰时在南安青龙铺病卒。南安是他首建军功之地,算起来也很巧合,临逝前见到在南安任推官的门人周积,周积痛问遗言,阳明说:"此心光明,亦复何言?"寻瞑目而逝。遗体后经南昌,于嘉靖八年二月抵越,十一月葬于山阴兰亭附近之洪溪。

阳明以一介文臣,一生平定三次国家危难,从历史上看,这种功业,便以武将而言,也属难得,对文官而言,几乎已达不可能的地步。后世儒家对一个人最高的期许是"内圣外王"

（出自《庄子·天下篇》，原非专指儒家而言）。"内圣外王"就是指一个人把自己"树立"好了之后，还要想法子去帮助别人，让别人同样也能树立起来，最后让天下都达到至善的地步，这跟孔子所说"己欲立而立人，己欲达而达人"（《论语·宪问》）的含义是一样的。要达到这种地步，自己必须要有治国、平天下的本事，没本事，一切都是空言。但光有本事也不行，还需要有适当的机会，没机会也是白说。孔子、孟子在政治上都有一定的见解与才干，但因没有机会，便"只能"野处，做一个独善其身的圣贤了。

从这一点来看，阳明真是如云从龙、风从虎般的"风云际会"了。他表面上是一个文臣，是一个读书人，但不是一般的读书人，更不是一个只晓得读书考试然后图谋进取的读书人，而是喜欢读各种"异类"的书，接触各种不同的知识。少年时他便独自找了许多兵书来读，没人指点便自己研究。《年谱》说他十五岁登北京附近的居庸关，便"慨然有经略四方之志"，别人以为他只是志大疏狂罢了，而轻忽了《年谱》后面写的："询诸夷种落，悉闻备御策，逐胡儿骑射，胡人不敢犯。"他是真的在实地观察国防上的"备御"之策的。除此之外，他还跟"胡儿"玩在一起，学习他们的骑射与布阵作战之法。昼有所思，夜有所梦，孔子是"梦见周公"，少年阳明的心中偶像好像不是孔子，他常梦见的是东汉以"马革裹尸"著名，并平定了交趾之乱的老将马援。梦中的马援是不是他最景仰的人，不能确定，但以年少时所梦的对象而言，也算是非常奇特了。

阳明少年时代对正统儒家的兴趣也不如对佛、道之学高，一度沉迷于道士的生活境界，对与道教有关的养生哲学有着浓厚的兴趣。他出生在传统儒者家庭，父亲又是大家艳羡的状元郎，周围的人对这个有些"轻狂"的少年当然很不认同。父亲对他的某些行为有时也不赞同。《年谱》记阳明十五岁时得知当时天下不宁，北京附近有石英、王勇盗起，秦中又有石和尚、刘千斤称乱，故"屡欲为书献于朝"，多次想写信给皇帝以献平乱之策，被父亲知道后痛骂了一顿才作罢。

在父亲王华的眼中，阳明有点不务正业，其实阳明所认可的正业，与父亲认可的不同。阳明的知识层面所涉比一般人广，兴趣也比一般人多，当然处处显得格格不入，但如给他驰骋的机会，他能有的成就也往往不是一般人所能及。他经过人生的大低潮（被贬谪到贵州龙场），后来遇赦起复，但此后在官场上也并没有真正"得意"过，还曾到滁州管过"马政"，可见是多么无聊的事。碰上江西的南安、赣州发生动乱，当时的兵部尚书王琼在北京时就认识了阳明，知道阳明有异人之处，但本领到底如何，之前没试过也不确知。明朝中叶之后，各地大小变乱不断，朝廷穷于应付，久了也有点麻木了，而朝中无人也是事实，因无人可用，兵部尚书王琼便建议中央任用阳明。想不到阳明确实有本事，不但把江西之乱平定了，而且把几十年横行于福建、广东、湖南的大小流寇山贼一并尽扫，中国东南边陲因而底定。

## 三、军功与建设

阳明不只长于军事，对兵燹之后社会的安定亦有良方。

他平定乱事之前，往往在地方推行"十家牌法"。"十家牌法"是仿古代的保甲法，把十家组织为一个单位，实行连保连坐，这对于防止地方宵小串联最有功效。据《年谱》所记：

> 其法编十家为一牌，开列各户籍贯、姓名、年貌、行业，日轮一家，沿门按牌审察，遇面生可疑人，即行报官究理。或有隐匿，十家连坐。

实施起来果然很有功效，使得盗贼宵小无法化整为零隐藏在偏僻民间，敌我态势明朗，目标显著，自然有利于官军的剿抚，而且民间如组织起来，一经动员，就会发挥庞大的自保的力量。

阳明在平乱之后，会在该地立社学、举乡约、兴书院，用教化与组织来改变原本落后的社会，这是之前的名将未能做到的事。作战无疑是破坏，而破坏之后需要"灾后重建"，否则疮痍之痛往往动摇地方，进而影响国本，阳明对此深有体悟，也特别用心。现在对这三件事略作说明。

第一是立社学。所谓社学，是设立在农村短期或不定期的教育机构。"社"这个字原本指的就是土地神，中国以农立国，到处都有土地庙。土地庙往往不是大庙，没有大庙的严肃性，比较有乡土感与亲和性，农忙农闲，乡民多在此相聚，气氛轻松又自由，利用这个乡民聚会之所来从事一些教化活动，便称为社学。这里容我插句话，我们把英语里的society译成"社会"是很好的，因为"社会"一词在中文里的含义便是指农村居民在"社"（土地庙）前的聚会。《年谱》正德十三年（1518）

有记：

> 四月，班师，立社学。先生谓民风不善，由于教化未明。今幸盗贼稍平，民困渐息，一应移风易俗之事，虽未能尽举，姑且就其浅近易行者，开导训诲。即行告谕，发南、赣所属各县父老子弟，互相戒勉，兴立社学，延师教子，歌诗习礼。出入街衢，官长至，俱叉手拱立。先生或赞赏训诱之。久之，市民亦知冠服，朝夕歌声达于委巷，雍雍然渐成礼让之俗矣。

阳明在平定了南、赣之乱后，在各地立社学，有组织、有计划地推行平民教育，这使得平乱不只停留在军事阶段，化民施教，使民众知礼守法，就深深地影响到一地的长治久安了。他后来在广西一边剿抚边乱，一边也立了不少社学，以推行民间教育。

至于举乡约，也就是集合乡村民众，制定并宣布民众应遵守的生活规则。这种集合民众公布规则的活动，非常像现在的乡村议会。这类活动有仪式性，得遵守某些固定的程序，实施时很注意细节。阳明在南、赣推行乡约，有点像让一地民众协商订定一个大家都能遵守的生活公约。这对后世推动的类似活动，譬如对晚近许多推动平民教育与乡村建设的运动，都有很大的启发与影响。《年谱》正德十二年（1517）有记："先生自大征后，以为民虽格面，未知格心，乃举乡约告谕父老子弟，使相警戒。"最有名的是他为南、赣二州乡民所订的《南赣乡约》，立该乡约的目的，据阳明自己的说法是：

故今特为乡约，以协和尔民。自今凡尔同约之民，皆宜孝尔父母，敬尔兄长，教训尔子孙，和顺尔乡里。死丧相助，患难相恤，善相劝勉，恶相告戒。息讼罢争，讲信修睦。务为良善之民，共成仁厚之俗。

《南赣乡约》中有规定，举凡读谕与盟誓，彰善与举过，都要通过庄严的仪式进行。譬如每在乡约集会之前，都会举行一场有宗庙祭祀形式的典礼：

当会前一日，知约预于约所洒扫张具于堂，设告谕牌及香案南向。当会日，同约毕至，约赞鸣鼓三，众皆诣香案前序立，北面跪听约正读告谕毕。约长合众扬言曰："自今以后，凡我同约之人，祗奉戒谕，齐心合德，同归于善。若有二三其心，阳善阴恶者，神明诛殛。"众皆曰："若有二三其心，阳善阴恶者，神明诛殛。"皆再拜，兴，以次出会所，分东西立。约正读乡约毕，大声曰："凡我同盟，务遵乡约。"众皆曰："是。"乃东西交拜。兴，各以次就位，少者各酌酒于长者，三行……

乡约极重长幼之序，非常重视儒家伦理的原则。有趣的是，在聚会中，无论是举善还是纠过，仪式进行时，往往会穿插饮酒的动作。约正读完乡约并盟誓之后，"少者各酌酒于长者，三行"，不仅如此，在后来进行的彰善、纠过过程，亦往往以饮酒为结束。如约长在举某人的善行之后，《南赣乡约》有记：

善者亦酌酒酬约长曰："此岂足为善？乃劳长者过奖，某诚惶怍，敢不益加砥砺，期无负长者之教。"皆饮毕，再拜会约长。约长答拜，兴，各就位。知约撤彰善之席，酒复三行，知约起，设纠过位于阶下……

酒在其中的目的在于使硬性的规则变得柔性化，也让彰善、纠过的举措变得柔软而更符合人情。阳明的目的在于为战后的地区进行灾后重建，他认为精神生活的改良比其他更为重要。而像乡约这样的活动，不论制定、颁布到执行，都采用公开的方式进行，其中也有责罚，而罚期无罪，以成仁厚之俗为目的。乡约的形式与意义，非常像现代的地方自治。

阳明喜欢讲学，所到之处，必观察该地书院之兴废良窳。他到一地总会推广社学，兴复书院。社学推行的是平民教育，书院推行的是精英教育，阳明认为两者不能偏废。谈到兴书院，有的是复其旧，有的是立其新，譬如，平定了南、赣之后，立即恢复了原有的濂溪书院；平定了思、田之乱后，在广西成立了敷文书院，挑选大儒硕德来此讲学或做山长，试图影响该地的文教与风气。提倡文教，是为地区建立长治久安的基础。

阳明讲求文教的成就，当然跟他出身于学者的背景有关，但也并不尽然。

阳明治军，有他特殊的方法；从政，也有他特殊的风格。譬如，知道明代的军队采用卫所制，长久以来已经没有了作战的能力，他在接手后，立法整军经武，把散漫无章的大编制军队改成比较灵活的小部队，重新编伍，严格训练，使之可战。打仗要靠财政支持，他发现军费匮乏，有时还要自筹粮饷，一般将领只好搜刮地方以应急需了。但阳明不用此法,其实地方穷困,也经不起搜刮。

他在南赣之役时就发现明代税法出了大问题,别的不谈,光是盐政就有很多漏洞。明代用盐实行的是公卖制,一切由政府经营。当时的盐政,是把全国划成几个不同的盐区,规定盐的买卖都得在一定区域内进行。由于是政府统一管理,当然产生了稳定盐价的作用,而公卖制度也能保证政府稳赚不赔。盐税是明清两代政府的主要收益来源,但既由政府掌控,就规定得很严,很多地方显得僵化。

阳明到南安、赣州之后发现此问题很严重,遂于正德十二年(1517)六月,提出"疏通盐法"的建议。这是因为自洪武初年就规定江西十三府均属"淮盐"的供应区,不准贩卖邻省广东产的"广盐",但淮盐因路程遥远经常供应不继。后来某些地区准许暂时贩卖广盐,由于不是全面开放,民间供盐仍然发生严重失衡的现象,私贩便猖獗起来,这使得地方往往征收不到盐税,而走私又影响治安。阳明因此建议政府干脆将南、赣所辖地区,正式开放广盐贩卖,政府可以按价抽税,而民间用盐可不虞匮乏。地方政府多抽的盐税,部分正可应付此地军费所需,这便是他提出的所谓"疏通盐法"。这些建议因为并不影响全国的税收,而征剿叛乱确实需要大量经费,所以朝廷都照准了,可见阳明也很懂得财政。

阳明在弭平一地叛乱之后,还加强当地行政,让政府管理有所依凭。譬如,他平定了广东、闽南的动乱后在福建漳州府新设了一个平和县,移了枋头巡检司的辖区,又在江西南安府新设了崇义县,以及茶寮隘上堡、铅厂、长龙三个巡检司,也在广东惠州府新立了一个和平县。这些新设与调整的地方行政区,一方面是为遂行政令与便利管理的缘故,另一方面使得地方民情可向上反映,以使上下互通。阳明治理一地,不求表面成绩,但求长治久安,这些举措都可以见出其深意。

这些措施,不是一般的军事将领能做的,也不是一般政客官员想做就能做的,阳明能做到,是因为他见识独高,能察人所未察,做起事来有魄力、有担当,明确又果决,由此点看,真可谓难能又可贵。《明史》称阳明平南赣,说"守仁所将皆文吏及偏裨小校,平数十年巨寇,远近惊为神"。称阳明平思、田事谓:"守仁片言驰谕,思、田稽首。至八寨、断藤峡贼,阻深岩绝冈,国初以来未有轻议剿者,今一举荡平,若拉枯朽。"史家对他也是推崇备至。

阳明的功业,当然得拜机会所赐,假如没有机会,他虽圣贤如孔、孟,也是无法完成的。但我们不妨从另一个角度来想,假如同样的机会给了别人,是否能完成这么大而且有"永续"性的功业呢? 答案恐怕也不是那么好给的。

## 四、死后的争议

阳明死于路途,虽匆匆归葬家乡,但谤议纷纷,从来没有停止。讥者指其最后不听朝廷命令,"擅离职守",也有指阳明之学"事不师古,言不称师,欲立异以为高"。这些言论,使得嘉靖帝亲令追夺阳明已受之新建伯爵位,又诏令阳明之学为"伪学"。虽经阳明之学生、后学如黄绾、周延等多人奔走,上疏力争,但多不报。直到隆庆改元,才重新诏赠阳明为新建侯,并追谥"文成",但距离阳明之死,已过了整整三十八年。

阳明自中年后就主张"知行合一",良知不是空洞的存在,是在行事中贯彻实现的,知、行原不可分,我们应将他在政治军事上的成就当成他思想学术的一环,彼此相辅相成,不分轩轾。

此处,我想对阳明的事功部分做一评论。前面说过阳明建立事功,虽然其中有机会的因素,要是没有这几个乱事发生,便没有平乱的机会,他的功业也就无从建立,所以说机会不可少,这是"遇"与"不遇"的问题。古人论及"遇"与"不遇",往往是从臣与君的关系上言,碰上贤君,赏识我的才学,让我得以驰骋,便是"遇"了;不得明君,或"不才明主弃",便是"不遇",假使是这种不遇,圣贤如孔、孟,也只有终身郁郁。

这样来看阳明,有些合又有些不合。阳明的一生,不但没有明君之遇,而且碰到的武宗正德帝是一个举世罕见的昏君,自己不明是非,放任手下宦官胡作非为,阳明还因为辩朝廷冤案而被廷杖,远贬贵州龙场,旅途几死,很少有人的遭遇能比他更坏。后来,他因兵部尚书王琼的举荐被派到南、赣平乱,但起因是朝中无人,要他去是姑且一试的味道,想不到阳明出手,只用了一年多的时间,就把蔓延江南四省近百年的地方患难都解决了。这一地区的问题自太祖洪武帝之后就屡屡呈现,朝廷上下对之一片束手。阳明只是一寻常文职官员,却能事前事后,将之处理得头头是道,所有的困局都一一解除。满朝文武官吏,解决问题的为何独是阳明而非别人?可见绝不只是有机会的缘故。

另外，阳明平宸濠之乱，也是事出偶然。他军力单薄，起兵仓促，但运用心战、奇袭、以寡击众的方式作战，不管调度布局，都远胜过拥有大军与资源的宸濠，不论陆战水战均连克敌军，最后竟生擒元凶宸濠，弄得皇帝都要跟他争功。可见平乱事发是偶然，而平乱事成绝非偶然。

在南、赣之前，阳明并没有任何实际军事上的阅历，他热衷军事（或说是传统的"韬略"知识）来自天性，之前所有的军事经验仅止于阅读与幻想，一旦主持军务，也能从容不迫。阳明极精于韬略、计谋连连，连败寇盗，在数十场战役中，擒获敌众上万人。阳明善于心理战，对敌人常恩剿互用，以求胜果。作战无法避免杀戮，然而除对盗贼首领之外，他事后处决人犯甚少，大部分贼众都自愿投诚，在妥善的招抚下，贼寇安顺归田，成为地方良民。阳明每到一地，都有新的施政、新的规划。譬如，初到南、赣，为使军队可用，将军队重新编伍，但又担心变动过大，仓促之间军队无法适应，因此没有破坏整体的卫所制度，而是在既有的制度之下，做特殊的兴革，使得原来不堪使用的军队，稍加整顿调适，便具有了新的活力，不但能够作战，而且连战皆捷。

宸濠之乱，阳明匆促接命，手边几无正规可战之兵，只有临时抽调散居各地的零星兵勇。他在极短的时间内，选兵择将，将原本散沙凝聚成一股可用的力量。跟南、赣不同的是，这些兵勇是要立即上战场的，没有任何训练调适的机会。他能在极短的时间内，将筹备多年、拥有大军的宸濠打得溃不成形，自己一直保持气定神闲，事如无事，可见长期蕴藏于胸中的涵养与谋略，并非空想，确实有用。

阳明给朝廷的疏奏，都写得真切又动人。一般而言，明朝行政效率不高，但有关征剿的事，只要是他奏请，大多能得到朝廷的应允，速度之快，可谓惊人。这一方面可看出中央亟思地方平治，另一方面也可看出阳明曾深受朝廷尤其是兵部的信任。阳明所处的时代，前面的武宗正德帝是个昏君，后面的世宗嘉靖帝虽没那么差，但也绝不是盛世的明君。无论如何，朝廷还是有不少精明干练之士，阳明受知于他们，劳出于自己，建功之后尽量把功推给别人，俾得人和。在朝廷，一直有诋毁他的势力，但也确有支持他的力量，在极重要的时刻，支持的力量常能统合而发挥积极的作用。譬如，建议派阳明去平思、田之乱的，朝廷由桂萼等力主。桂萼是阳明生前批评他最严厉的人物，也是死后弹劾他最用力的大官，这时却强力推荐阳明，恐怕不全是基于阴谋，而是心中深知阳明确实有平乱的大才。这中间关系一定是错综复杂的，但就算政治上的敌人，也对阳明的才干有起码的尊重。

阳明除了军功，在治理地方，亦同步有所贡献。所以阳明的成就，还不能仅从军事一事来论定，假如有更好的机会，阳明更可以之"治国""平天下"。就以上而言，阳明在功业上的成就虽也有"遇"与"不遇"的问题，但与他人明显不同，他本质的性格与才干使得原来可能的"不遇"变成了顺利的"遇"了。

阳明还有一个特性，那就是很喜欢学生，对学生的问难一一作答，沉得下，耐得住；而在官场，他却往往耐不住性子。譬如，他擒获宸濠后，正德帝周围的人命他不要张扬，要他把宸濠放回鄱阳湖让皇帝演一出捕获元凶的闹剧，阳明不耐烦，也懒得跟他们玩，匆匆把俘虏交给另一宦官张永，就称病离开了。后来征思、田，他也在得胜后没得到朝廷允准的情况下离职，当时有人便以阳明"擅离职守"责之。以官守而言，阳明在这些事务上确实有点轻浮任性，这样处置是不妥当的。这是他太有自己的性情，勇于自信，对官场规则与文化总是轻视之故。

阳明即知即行，常说："知而不行，只是未知。"又说："知行如何分得开？""知行合一"是阳明哲学中的重要支柱。所谓"知行合一"，除了指"即知即行"之外，还应指良知必须在实践中印证。而"知行合一"的"知"，有实践的含义，如指知识，便是指可以实践的知识，并不蹈空，也不虚无。阳明所有的知识都可用于实际，屡平乱事，集军功、事功于一身，又到处施教，讲学不停。明清之际，学者批评"王学"，认为阳明之学"束书不观，游谈无根"，甚至有的更作偏激之言，谓明之覆亡，为王学太过发达所致。明末东林书院有名学者高攀龙说过：

> 姚江之弊，始也扫闻见以明心耳，究而任心而废学，于是乎《诗》《书》《礼》《乐》轻而士鲜实悟。始也扫善恶以空念耳，究且任空而废行，于是乎名、节、忠、义轻而士鲜实修。（《明儒学案》卷五十八《东林学案》）

类似的批评，在明末清初随处可见，其立意与举证不能说全错，但对阳明而言，确实也有不公平之处。上述高攀龙的说法，是针对明末学术界某些奇怪的现象而说的，他将那种怪现象归罪于阳明提倡心学。稍晚于高攀龙的，有顾炎武、王夫之等学者，他们身处明亡的变局中，对阳明的批评就更为严厉而不稍宽贷了。

如仅以高攀龙上面说的为例，他说阳明之学是"始也扫善恶以空念耳，究且任空而废行"，我们可以阳明一生的事功与他主张的"知行合一"论揆之，看看说的公平否？阳明在不长的一生中，做了那么多"外王"且有成的事业，而主张要致良知，起心动念莫不切合"内圣"的作用，这样的人、这样的主张，怎会"扫善恶以空念"，又怎么会"任空而废行"呢？可见有些学者好发议论，却常昧于成见，未必全是公允的，而这些议论也未必点出了事实的真相。

# 第五讲

# 一、阳明对朱熹格物说的体验

这一讲开始讲阳明学的内涵。

很多人都知道，阳明学的核心，是在讨论"良知"的问题。所谓"良知"，其实是指天生本然，不待学而有的智慧与能力，语出《孟子·尽心上》。孟子说："人之所不学而能者，其良能也。所不虑而知者，其良知也。"孟子以为人类善的道德，都是从良知、良能发展出来，他举例说："孩提之童，无不知爱其亲者；及其长也，无不知敬其兄也。亲亲，仁也；敬长，义也。无他，达之天下也。"意即当人生下来，就知道爱他的父母，这叫作"亲亲"，亲亲是仁的基本；小孩长大，知道亲亲之后还会友爱兄弟，这友爱兄弟的行为叫作"义"；不断推广，终成为泛爱众而道德很好的贤人，由这个最基本的良知、良能发展出来的终极结果，便是孟子所谓的"达之天下也"。

"良知"，也可称为"良心"，是上天给我们的基本的辨识世上一切的力量，让最没有经验的孩童也具有喜善恶恶的能力。这理论最早由孟子提出，是用来证明他的"性善说"的，但后来哲学的讨论只停留在性善、性恶之上，良知之说就没有太多人提起，久之也被忘却了，直到阳明再度提出这个名词，成为阳明学说最主要的部分。

因为孟子在举例中言及"孩提之童"，阳明之后不久，李贽（号卓吾，1527—1602）以"童心"来取代这个名词，他在《童心说》中说："夫童心者，绝假纯真，最初一念之本心也。"又说：

"童子者，人之初也；童心者，心之初也。"李贽解释，童心是人最早的初心，是"绝假纯真"的，这与孟子及阳明说的"良知"并无不同。孟子为良知、良能下了个定义，是"不学""不虑"而天生具有的，不学就是不经学习，不虑就是不经思考。阳明在《传习录》中说：

> 知是心之本体，心自然会知。见父母自然知孝，见兄自然知弟，见孺子入井自然知恻隐，此便是良知，不假外求。

"良知"，"不假外求"，是一种不假思考的直觉式的反应，一经学习或用学术方式思考，就陷入一种学问的窠臼之中，表面看起来理论严整，但对良知而言，反而造成了伤害。所以良知不是知识，也不是学问，学习与思考之下所得的良知，绝对不是真的，也不是全的。

以艺术欣赏为例。意大利哲学家克罗齐（也译作克罗采，Benedetto Croce，1866—1952）主张艺术欣赏要肯定"直觉"，不惜排除知识，这点跟阳明的良知"不假外求"很像。小孩看到美丽的事物自然会惊叹，有时会忘情地手舞足蹈，这种表现就是直觉。而这种直觉，是不必通过知识训练得来的，它是欣赏一切艺术的基础。孟子与阳明所提的良知，非常接近艺术欣赏论上所倡导的"直觉说"。

阳明被贬谪到贵州龙场驿，路上遇到了许多惊险的事，他有《杂诗》三首，其中有诗句曰"危栈断我前，猛虎尾我后。倒崖落我左，绝壑临我右"，所写可能是真实的状况。到龙场后，生活困顿险巇，更不在话下，在有形的生活与无形的心理压力下，处处窒碍，几乎不能度过，他在不断挣扎与反省之下，发现了长久以来不得其解的格物致知的真相，这层层的困顿在他心中盘据得太久了，想不到在这里终于得到解脱。据《明儒学案》："忽悟格物致知之旨，圣人之道，吾性自足，不假外求。"表面上说"忽悟格物致知之旨"，其实所谓"圣人之道，吾性自足，不假外求"，指的便是良知，良知早已存在我心中，无须到外头去追求，所以最早的"良知说"只单说"良知"，不说"致良知"，"致良知"三字，是阳明平宸濠乱时在江西才提出的。

阳明为什么标举这个良知的说法呢？用这说法解释圣人或圣学，是与程、朱的方法不同的。大致说来，程、朱的求圣之法是通过学习逐步实现的，这跟阳明标举"心的发现"是不同的，阳明认为圣人早在我心，求圣之法当向自己心内求，两者在方法上言，当然差异是很大的。

阳明早年也跟一般读书人一样，是从朱熹的注本开始学习儒家经典的。朱熹的《四书章句集注》是当时所有人读书的根本，也是朝廷考试题目的来源，更是答题的唯一标准，阳明科举出身，哪会不读朱熹的书呢？朱熹除了《四书》之外，还有《诗集传》《周易本义》等重要的著作。严格说来，朱熹是个人人钦服的经学大家，也是个伟大的理学家（照顾炎武的说法是："古之理学经学也。"），毕生著作不辍。他的学问，累积了北宋以来很多著名大儒的整体成就，可说是集南宋之前儒学之大成者。

阳明少年时的性格有点"不羁"，崇尚自由，不喜格套。他虽出身儒学家庭,早年并不特别在儒家学问上用功,喜欢兵法,喜欢道教,对佛教也很好奇。他对儒家之学第一次觉得"有感",是十八岁时从江西南昌携新妇回浙时,舟至广信,拜访了当时的大儒娄谅。娄谅是明代大儒吴与弼(号康斋,1391—1469)的弟子。吴与弼的学问继承北宋诸儒及朱熹,算是朱子学一脉的正宗,代表吴与弼的《崇仁学案》在《明儒学案》中排序第一,可见黄宗羲也认可吴在明代学术上的重要性。其实吴与弼的重要并不在于他在思想方面有什么太大的开创,比起朱熹,他的格局要小一些,但是他有娄谅、陈献章这样的弟子,是他们集合起来,开创了明代学术的一部分格局,二者之间,陈献章尤其重要。

当时娄谅跟阳明谈的是宋儒之学,说:"圣人必可学而至。"强调的是学,并不是悟。"学"是朱子之学最重视的,也算是儒门的真传,因为《论语》首章就是"学而时习之",孔子也说过自己"好学",又说过:"默而识之,学而不厌,诲人不倦,何有于我哉?""学"是儒学的发端,是没人可否定的,但"学"是不是儒学的究竟呢?可讨论的地方就多了。阳明受娄谅的启发,开始对儒家性命之学发生兴趣,也开始认真读宋儒讨论此类话题的书了。孝宗弘治五年(1492),阳明二十一岁,考上了浙江乡试,第二年进京参加会试不第,在这期间,他认真学习宋儒的格物之学,《年谱》说他"遍求考亭遗书读之",考亭就是朱熹。《年谱》接着又说:"一日,思先儒谓'众物必有表里精粗,一草一木,皆涵至理',官署中多竹,即取竹格之,沉思其理不得,遂遇疾。"这是有名的阳明"格竹子"的故事。

## 二、"格竹子"的故事

《年谱》所载格竹子事不全，其实在《传习录》中有段记录较为详细：

> 先生曰："众人只说格物要依晦翁，何曾把他的说去用？我着实曾用来。初年与钱友同论做圣贤，要格天下之物，如今安得这等大的力量？因指亭前竹子，令去格看。钱子早夜去穷格竹子的道理，竭其心思，至于三日，便劳神成疾。当初说他这是精力不足，某因自去穷格。早夜不得其理，到七日，亦以劳思致疾。遂相与叹圣贤是做不得的，无他大力量去格物了。及在夷中三年，颇见得此意思，乃知天下之物本无可格者。其格物之功，只在身心上做，决然以圣人为人人可到，便自有担当了。这里意思，却要说与诸公知道。"

原来阳明与友人格竹子，是想实验朱熹的格物之法，因为朱熹在《四书集注》中曾以程子（程颢、程颐）之意补"格物"一章，说：

> 所谓致知在格物者，言欲致吾之知，在即物而穷其理也。盖人心之灵莫不有知，而天下之物莫不有理，惟于理有未穷，故其知有不尽也。是以《大学》始教，必使学者即

> 凡天下之物，莫不因其已知之理而益穷之，以求至乎其极。至于用力之久，而一旦豁然贯通焉，则众物之表里精粗无不到，而吾心之全体大用无不明矣。此谓物格，此谓知之至也。

这原是解释《大学》八目"格物"一目所作的说明，所谓《大学》八目即指《大学》里的八项彼此相连的德目，就是格物—致知—诚意—正心—修身—齐家—治国—平天下。每目都有一段简明的文字作解释，这叫作"传"，但等朱熹注《四书》时，这八目的传独缺了"格物"，所以朱熹引用程子的意思而作了这段《格物补传》。

我们要注意，"《大学》八目"中"格物""致知"之后的六目，都是在谈人如何修身，以至于治国、平天下，讨论儒家"内圣外王"之道，道德方面由小而大、由内而外地推己及人以及天下之学。但前面的两目"格物""致知"，看起来就与后面的推己及人之学无关了，依朱熹所写的《格物补传》看，应指的是求知的问题，与道德修身没有太大的关系，知识与道德分明是两回事。但由格、致之后紧接着诚、正、修、齐来看，如从八目是"一贯之道"来解释，这是不是表示道德是起源，是知识，或至少与知识有关呢？因为《大学》本身就说："物有本末，事有终始，知所先后，则近道矣。"

而且即如朱熹所说："是以《大学》始教，必使学者即凡天下之物，莫不因其已知之理而益穷之，以求至乎其极。"其中说的"必使"是很严格的限定，"必"是限制词，说了"必使"，便没有讨论要或不要的余地了。而"即凡天下之物"也有问题，如果说"即物"就是研究事物的话,那"即凡天下之物"是指天下所有的"物"都是我要研究的了。人生有限,如何能"即凡天下之物"呢?就算能把所有的物理都穷尽了,因而得到了一种新的知识,而这种知识与后面的诚意、正心又有何关系呢?朱熹没有交代清楚,其实也很难交代清楚。

朱熹又说"至于用力之久,而一旦豁然贯通焉",这话又有些神秘主义的倾向,多久才算是"用力之久"了呢?还有是否用力到一个算久的程度之后,就必然能如朱熹所说的"豁然贯通"呢?尤其是这种豁然贯通要达到所谓的"众物之表里精粗无不到,而吾心之全体大用无不明"的地步,是偶然还是必然呢?"无不到""无不明"又是哪一种景象?这些问题都太大又太玄了,充满了不确定性,是非常难解释的。

阳明与朋友用这方式"格物"有点好笑,但你也不能指责太过,朱熹要人"即凡天下之物",竹子也算"天下之物"之一,格竹子也是格物,所以阳明与他的朋友并不算错。但要由观察竹子以对人生的全体产生新的认识,从而对人的道德涵养产生作用,就是一种牵强的推论了,照这种方式做,是一定得不出结果的,所以他们马上就陷入了困境,先后生起病来。

老实说,阳明和他的朋友用这方式来格物,而且推说是来自朱熹的格物说,基本是弄错了。朱熹的"即物而穷其理",依施邦曜(1585—1644)的说法是:"其所谓物理者,原是性命身心之理,非泛滥无穷之理也。"施说朱的"物理"是"性命身心之理",后之学者均失朱熹本意,便落于支离,但朱熹之"物理"究竟是不是施所说的"性命身心之理",也须存疑,何况"性命身心之理"又该如何"穷"法,朱熹也没有说明。

先说什么叫"支离",就是用枝叶解释主干,把重点转移了,最后就走错了路。现在我们讨论知识与道德的问题,两个其实不相干,但偶尔会产生一些相干的现象,譬如天体物理与人的道德无关,但一个对天体物理学有认识的人,必知道宇宙之大与我们个体之小。等到一个人真能体会自己渺小,便知道在世上有很多事是不可争也无须争的,因而看淡放下了名利心、争夺心,这种认识虽不出自道德,却可能跟道德产生关联。这中间的关联不是必然,而是偶然,所以在其间是不能画等号的。举例而言,世上可能有利欲熏心的天体物理学家,也有非天体物理学家却很有道德操守的人,所以知识影响道德这个推论,不见得能够确然成立。

施邦曜批评反朱熹的人"支离",其实朱熹本身的主张也不是那么"统一",有些时候,也确实不免有"支离"之讥。就以朱熹的形上学而论,也是综合了北宋几个大儒的见解,大致以周敦颐的《太极图说》为骨干,又采用了邵雍所讲的数,张载所说的气,以及程颢、程颐兄弟所说的形上形下与理气之分,融合而说之,根基很庞杂,强说成一体,当然也显示出一些矛盾的地方,而这只是形上学、本体论的部分,后面牵涉的功夫论就更是个个不同了。再加上他们有时把自然科学的现象,混上了道德哲学的感悟,把原本无关的事说成有关,所涉又太多太杂,而又不全是他们能解决的,要求把这个说明说得"一贯"化,就更为困难了。

要解决此纠葛是不容易的,这叫治丝益棼。要是绕在里头,可能会走不出去,格竹子就是一个例子。以明理为究竟,就算格尽了竹子的理还是不足的，而你所格尽竹子的道理是科学上面的或是美学上面的，也是要有所区别，就算你都能掌握，还有其他事物要你去"格"，因为竹子的知识只是知识的一部分，不是知识的终结，这目的茫然的探索，就叫作"支离"。一陷入支离，就会永远纷乱，没个止境了。黄宗羲写阳明"继而遍读考亭之书，循序格物，顾物理吾心，终判为二，无所得入"，所写的就是这个经验，用这方法当然"入"不了。处理这种困顿最好的方法是跳出去，不受此纷扰的羁绊。阳明后来也确实做到了，但是这次彻底的觉悟来得较晚，是他在龙场驿三年"居夷处困"之后的事了。

《传习录》中有段阳明弟子黄以方记录的阳明的话，谈到《大学》里面格物、致知的问题：

> 工夫到诚意，始有着落处，然诚意之本，又在于致知也。所谓"人虽不知，而己所独知"者，此正是吾心良知处。然知得善，却不依这个良知便做去，知得不善，却不依这个良知便不去做，则这个良知便遮蔽了，是不能致知也。吾心良知既不能扩充到底，则善虽知好，不能着实好了，恶虽知恶，不能着实恶了，如何得意诚？故致知者，意诚之本也。然亦不是悬空的致知，致知在实事上格。如意在于为善，便就这件事上去为；意在于去恶，便就这件事上去不为。去恶固是格不正以归于正，为善则不善正了，亦是格不正以归于正也。如此，则吾心良知无私欲蔽了，得以致其极，而意之所发，好善、去恶，无有不诚矣。诚意工夫，实下手处在格物也。若如此格物，人人便做

得;"人皆可以为尧、舜",正在此也。

这段话极为重要,阳明发现《大学》的格物、致知不能照朱熹讲的去理解,朱熹讲的致知应该是指求一般的知识,包括自然知识;而朱熹又认为就是求得自然知识,也会对德行修养发生作用,阳明认为朱熹错了,他自己年轻时也错了,才会发生竹子没格成而生病的笑话。

### 三、致知与致良知

阳明后来发现,《大学》的格物、致知不是指求一般的知识,而是"一贯"地求德行的合一,如果把"致知"解释成"致良知",便与后面的诚意、正心打成一片了。阳明又认为致知前的格物要当成在所有事物上求"归之以正"的道理,他在《大学问》一文中说:"格者,正也,正其不正以归于正之谓也。"又说:"物者,事也。"本来"物"不该解释成一般的"物",而应解释为从事的"事物"解,古文往往把物当成事来解释,"格物"不是要你去"即凡天下之物",而是要你在事事物物上"好善去恶"地磨炼自己,以求已失的良知在胸中再度涌现,因为阳明认为"明德之本体,即所谓良知"。这样的格物、致知才是圣人垂训的本意。这是阳明在居夷处困之后所得的一点心得,这样解释格物,又与阳明主张的"知行合一"结合了,形成了他哲学上的重要基础。

阳明的这个解释比起朱熹的当然更"合理"些,如果《大学》中的"知"是指良知的意思，则"致知"便是阳明说的"致良知"了。"良知"一词前面说过，是从孟子来的。孟子所谓的良知、良能是"不学"又"不虑"的，求得良知只要回归本源，无须求助于知识，知识有时是我们致良知的障碍而非帮助。这点李贽在《童心说》中说得更明白，他说："童心者，心之初也。夫心之初曷可失也？然童心胡然而遽失也？盖方其始也，有闻见从耳目而入，而以为主于其内而童心失。其长也，有道理从闻见而入，而以为主于其内而童心失。其久也，道理闻见日以益多，则所知所觉日以益广，于是焉又知美名之可好也，而务欲以扬之而童心失；知不美之名之可丑也，而务欲以掩之而童心失。夫道理闻见，皆自多读书识义理而来也。"所以孟子所说的不学又不虑，反而使得良知、良能与我的人格之间没有间隔，没有间隔，才能成其"大"，因为"大学"就是大人之学，《大学》这书就是为大人立言的一本书。

阳明在平定宸濠之乱后有很长一段时间丁忧乡居，此时他有《次谦之韵》诗，诗曰：

> 珍重江船冒暑行，一宵心话更分明。
> 须从根本求生死，莫向支流辩浊清。
> 久奈世儒横臆说，竞搜物理外人情。
> 良知底用安排得，此物由来最浑成。

谦之，即阳明的大弟子邹守益。此诗最能解释阳明以浑成的良知说，试图破除朱学支离之病的动机。

阳明特别喜欢讲"以天地万物为一体"这句话，他认为这也是《大学》这本书的真正立意之所在。"八目"是一体之学，也是一贯之学。这一体或一贯，又推展到人与我毫无间隔，世界即我，我即世界，一体大公，毫无轩轾之分，这个说法与南宋的陆九渊说得很接近。陆九渊曾说："宇宙内事，乃己分内事；己分内事，乃宇宙内事。"把个人直接接到宇宙，胸襟之大、气魄之雄，真是史上少有。阳明说："大人者，以天地万物为一体者也。其视天下犹一家，中国犹一人焉。……非意之也，其心之仁本若是，其与天地万物而为一也。"

持这种观点的人，内心都有打破一切藩篱的动力在。这个说法又与阳明的良知说相呼应，良知是不学又不虑的，经过学与虑的所得，正如李贽说的，叫作"闻见之知"，也就是"竞搜物理外人情"所得的知，算不得是真正的良知。用陆九渊或阳明的方式来思考，一个没有"闻见之知"的人，也就是一个没有受过知识训练的人，反而更有直接面对良知真相的可能。

这个说法是有着相当的"破坏"力的，有此想法必然对传统的价值标准产生高度的怀疑，但也有一个积极的成就，那就是对一些没机会接受传统教育的人，一些不受传统观念庇荫的人，会产生极大的鼓舞作用。极寻常的一个人，也可参与以往不得参与的知识活动，抬头挺胸地肯定自己的价值。任何一个人都可以说出自己的想法，原来只敢放在心上，自以为是极卑微、毫无意义的，而阳明"其心之仁本若是，其与天地万物而为一也"让他们体会到，再卑微的存在也是存在，因此他们的生活不再黯淡，活得更"理直气壮"。在黯淡的时代，阳明学后来有风起云涌之势，跟这个观点是有关的，我们以后会再谈它,现在先再谈点与良知有关的问题。

基础的判准点在心,而不在理,理是圣贤做主,心是我做主。圣贤当然重要,但圣贤如不在我心则圣贤永远是个外人,圣贤的训诫只是个外物,与我无涉无关。所以阳明的哲学强调一个人内心的重要,《传习录》有载:

> 先生游南镇,一友指岩中花树问曰:"天下无心外之物,如此花树,在深山中自开自落,于我心亦何相关?"先生曰:"你未看此花时,此花与汝心同归于寂;你来看此花时,则此花颜色一时明白起来,便知此花不在你心外。"

"你未看此花时,此花与汝心同归于寂","同归于寂"是指彼此无涉,无任何作用;如无任何作用,就谈不上意义。当"你来看此花时,则此花颜色一时明白起来","一时明白起来"是指我明白了花是什么样子什么颜色的,这是因为我与花产生了关联,也产生了意义,有了意义,美感与道德才因而存在。这个说法与佛教的三界唯心有关,但目的不同,佛教求的是我心寂灭而万缘俱灭,美丑善恶也不存在了,而阳明是肯定良知的善的,显然是有区别的。

不仅如此,阳明认为所有人间的善,因良知的存在而存在,所以良知不只是个人的准则,也是所有事物善的基础。他说:

> 良知是造化的精灵。这些精灵,生天生地,成鬼成帝,皆从此出,真是与物无对。人若复得他完完全全,无

少亏欠，自不觉手舞足蹈，不知天地间更有何乐可代。（《传习录》）

所以，照阳明的说法，所谓圣贤，其实就是照本人的良知去诚诚实实、原原本本地"好善、去恶"就成了，无须假借知识，更无须攀缘外物，到了极致，则人人可以为尧、舜。所谓"好善、去恶"是指一切顺良知去作为，良知如未能充分展现，那便是受到"私欲所隔"的影响。因此，阳明又说：

> 是故苟无私欲之蔽，则虽小人之心，而其一体之仁犹大人也；一有私欲之蔽，则虽大人之心，而其分隔隘陋犹小人矣。故夫为大人之学者，亦惟去其私欲之蔽，以自明其明德，复其天地万物一体之本然而已耳。非能于本体之外而有所增益之也。（《大学问》）

除去私欲，以见天理。天理在心，便是良知。见天理，在《大学》，便是"致知"；在阳明来说，这就是"致良知"。阳明将《大学》里格、致与诚、正的间隔打破消除了，《大学》八目成为一整体。

良知是每人都有的，无须到外面去"求"它，所以"致良知"中的"致"，便是"恢复"之意，就是《大学》所说的"明明德"。阳明认为，人恢复心中的天理，便是"明明德"，而"明明德"三字，第一个"明"字是动词，是恢复的意思，第二个"明"字是形容词，是用来修饰"德"的。到原本在心的天理扫除了"私欲所隔"而告恢复之后，也就做到了"明明德"，天地一体之本然便充分在我心中显现,此即阳明所说的"尧、舜之正传",又是"孔氏之心印"。我们可以再举一个例子来说明。在《传习录》中有段陆澄与阳明的问答,其中说:

> 曰:"澄于'中'字之义尚未明。"
>
> 曰:"此须自心体认出来,非言语所能喻。中只是天理。"
>
> 曰:"何者为天理?"
>
> 曰:"去得人欲,便识天理。"
>
> 曰:"天理何以谓之中?"
>
> 曰:"无所偏倚。"
>
> 曰:"无所偏倚是何等气象?"
>
> 曰:"如明镜然,全体莹彻,略无纤尘染着。"
>
> 曰:"偏倚是有所染着。如着在好色、好利、好名等项上,方见得偏倚,若未发时,美色名利皆未相着,何以便知其有所偏倚?"
>
> 曰:"虽未相着,然平日好色、好利、好名之心,原未尝无,既未尝无,即谓之有;既谓之有,则亦不可谓无偏倚。譬之病疟之人,虽有时不发,而病根原不曾除,则亦不得谓之无病之人矣。须是平日好色、好利、好名等项一应私心扫除荡涤,无复纤毫留滞,而此心全体廓然,纯是天理,方可谓之喜怒哀乐未发之中,方是天下之大本。"

人本有良知,但有些人的良知被蒙蔽了,学者要设法去掉蒙蔽,重新找回良知,这便是"致良知",文中所说的"须是平日好色、好利、好名等项一应私心扫除荡涤,无复纤毫留滞,而此心全体廓然,纯是天理,方可谓之喜怒哀乐未发之中,方是天下之大本"便是致良知了。有一次阳明为弟子黄绾解释圣学之要说:

> 圣人之心如明镜,纤翳自无所容,自不消磨刮。若常人之心,如斑垢驳蚀之镜,须痛刮磨一番,尽去驳蚀,然后纤尘即见,才拂便去,亦不消费力,到此已是识得仁体矣。若驳蚀未去,其间固自有一点明处,尘埃之落,固亦见得,才拂便去。至于堆积于驳蚀之上,终弗之能见也。此学利困勉之所由异,幸勿以为难而疑之也。(《年谱》)

我们在以上所引的两段文字里,很明显地看到了一些近乎佛教尤其是禅宗的用语,如"如明镜然,全体莹彻,略无纤尘染着",又如"若驳蚀未去,其间固自有一点明处,尘埃之落,固亦见得,才拂便去",都用了《六祖坛经》中"明镜""尘埃"之喻,这证明阳明的心学与佛教的某些主张有相同或相近处,至少在用语上,这点是毋庸置疑的。

阳明早年曾对道教、佛教发生兴趣,其思考受到影响是很正常的事,但阳明学绝不等于佛学,因为良知学的目的还是圣贤,还是在做"人伦世用"的世间事,绝不鼓励逃禅,更不主张虚无,这一点阳明辨之甚明。《传习录》有载:

> 先生尝言:"佛氏不着相,其实着了相。吾儒着相,其

实不着相。"

请问。

曰："佛怕父子累，却逃了父子；怕君臣累，却逃了君臣；怕夫妇累，却逃了夫妇；都是为个君臣、父子、夫妇着了相，便须逃避。如吾儒有个父子，还他以仁；有个君臣，还他以义；有个夫妇，还他以别；何曾着父子、君臣、夫妇的相？"

可见阳明良知心学，虽不忌使用佛教语汇，但其实是与佛教相距甚远的，此处不得不辨。

阳明又说：

吾儒养心，未尝离却事物，只顺其天则自然就是功夫。释氏却要尽绝事物，把心看作幻相，渐入虚寂去了，与世间若无些子交涉，所以不可治天下。（《传习录》）

"把心看作幻相"是从佛教《金刚经》而来。《金刚经》上说："一切有为法，如梦幻泡影，如露亦如电，应作如是观。"上引阳明的这段话更把儒与佛的根本处点了出来，说明与佛教的究竟不同，这证明阳明良知学自与佛家理论无关。

阳明在正德十年（1515），曾写了篇洋洋洒洒的长文《谏迎佛疏》，阻止武宗遣使外人，远迎佛徒。这篇疏文后来因故没有上成，但充分表达了阳明对佛教的立场：

臣亦切尝学佛，最所尊信，自谓悟得其蕴奥。后乃窥见圣道之大,始遂弃置其说。

阳明把自己学佛弃佛的心路历程写出来了。依照阳明的说法,良知明觉,可以分辨一切是非。良知等于天理,致良知不是在外面求天理,而是朝我们内心去追求。在说明良知与心的活动与功用时,后来的人不得不用了点佛教的术语,但与佛教是无关的。当我们体认良知即天理之后,一切照良知的指引去行,便是"知行合一"了。所谓"知行合一"便是即知即行。

## 四、知行合一

阳明的良知之学,因讲"知行合一",既是良知,便不能与善行分开来看。讲到这里,容我先岔开一下。朱熹当年知南康军时,曾主持过当地的白鹿洞书院。他为白鹿洞书院定了一个有名的《白鹿洞书院学规》(后来几乎成为中国所有书院的学规,有点像现在各学校把"礼、义、廉、耻"当成共同校训一样),把《中庸》里的"博学、审问、慎思、明辨、笃行"五德放进去了。朱熹解释道:

> 而其所以学之之序,亦有五焉,其别如左:
> 博学之,审问之,慎思之,明辨之,笃行之。
> 右为学之序。学、问、思、辨四者,所以穷理也。
> 若夫笃行之事,则自修身以至于处事、接物,亦各有

要，其别如左：

　　言忠信，行笃敬，惩忿窒欲，迁善改过。

　　右修身之要。

　　正其谊，不谋其利；明其道，不计其功。

　　右处事之要。

　　己所不欲，勿施于人。行有不得，反求诸己。

　　右接物之要。

　　由《学规》看，朱熹是把学、问、思、辨与后面的笃行分开来看的，也许是为了分析方便，但如果将"博学、审问、慎思、明辨"当成为学（求知）之序，而与"笃行"分别看待，那是很有问题的。单就"博学"这件事来说，岂不也包括许多"笃行"的成分在其中？阅读或求师问道，都是有许多"行为"在其间的，而在"笃行"上面，也包括了许多知识，譬如一件事该如何做，不同做法有何利弊等，都牵涉"知"的问题，可见知与行是不能强分的。阳明认为《中庸》上所说的博学、审问、慎思、明辨、笃行，表面看是五件事，其实不能分开，五件事实是一件事。任何"知"不包括"行"，则等于不知，而人之"行"如无"知"的话，则所谓的行只是肢体投射、反应作用罢了，毫无意义可言。

　　有一次，他的大弟子徐爱问他有关这类事，阳明为之详加解释。《传习录》载：

　　爱曰："如今人尽有知得父当孝、兄当弟者，却不能孝、不能弟，便是知与行分明是两件。"

先生曰："此已被私欲隔断，不是知行的本体了。未有知而不行者。知而不行，只是未知。圣贤教人知行，正是要复那本体，不是着你只恁的便罢。故《大学》指个真知行与人看，说'如好好色，如恶恶臭'。见好色属知，好好色属行。只见那好色时已自好了，不是见了后又立个心去好。闻恶臭属知，恶恶臭属行。只闻那恶臭时已自恶了，不是闻了后别立个心去恶。如鼻塞人虽见恶臭在前，鼻中不曾闻得，便亦不甚恶，亦只是不曾知臭。就如称某人知孝、某人知弟，必是其人已曾行孝、行弟，方可称他知孝、知弟；不成只是晓得说些孝、弟的话，便可称为知孝、弟。又如知痛，必已自痛了方知痛；知寒，必已自寒了；知饥，必已自饥了。知行如何分得开？此便是知行的本体，不曾有私意隔断的。圣人教人，必要是如此，方可谓之知；不然，只是不曾知。此却是何等紧切着实的工夫！如今苦苦定要说知行做两个，是甚么意？某要说做一个，是甚么意？若不知立言宗旨，只管说一个两个，亦有甚用？"

阳明借《大学》"如好好色，如恶恶臭"来说明知行合一的道理，讲得十分透辟，眼明之人，一见到好色便爱了，不是见好色才立个志愿去爱；鼻不塞之人，一闻到恶臭便恶了，不是先闻恶臭才立个志去恶。从这个角度言，知与行是统一的，不可强分。目盲不见好色，故无好色须好之知；鼻塞不辨恶臭，也无恶臭须恶之知，所以知与行也是分不开的，是紧紧结合在一块的。世上没有一个"知"孝而不"行"孝的人，不能行孝，不管他有关孝的知识如何充足,都不能算是"孝"。人在道德上的知觉与行为,莫不如此。在道德形成上,知行本是一体的;在道德实践上,知行更不可能分开。知与行也许可以分开来讲,却不能真的分开,顶多只能说"知是行之始,行是知之成"。

现在再说一下阳明与朱熹的关系。阳明标举良知学,以与当时烦琐的朱学相抗,除了在谈《大学》格物问题上与朱熹有异之外,其他地方,他对朱熹的批评是很少的。这是因为朱熹之学,所涉及的范畴实比阳明要大许多,也许在一个范围之内,阳明以为朱熹不够精微,但除此之外,他也认为朱学是极有贡献的。钱穆在《朱子新学案》中说:"守仁之说,始终未能摆脱尽朱熹的牢笼。"这是必然的,只是"牢笼"二字下得太强了。阳明在《答罗整庵少宰书》中也曾说:"平生于朱子之说,如神明蓍龟。一旦与之背驰,心诚有所未忍。"都可证明阳明与朱熹的关系其实是十分紧密的。

# 第六讲

# 一、心即理

上一讲谈到阳明解释良知，用了不少佛教式的用语，有人说阳明即禅，这是不公允的。阳明不止一次否认自己的良知学是禅，他称佛教为"佛氏"，称自己为"吾儒"。不仅如此，他认为自己所发明的良知学，是孔、孟以来的儒学正统。《传习录》载：

> 萧惠好仙、释，先生警之曰："吾亦自幼笃志二氏，自谓既有所得，谓儒者为不足学。其后居夷三载，见得圣人之学若是其简易广大，始自叹悔错用了三十年气力。"

可见阳明一生自二氏归乎儒学的心路历程，研究阳明者，必须知道此点。儒与佛，一主入世，一主出世，立场相异，但无论儒或佛，都必须先要做人。既是人，则身体发肤莫不相同，思想的内容与思想的方法便也会有相容相通之处，所以论儒与佛，须从究竟处论。

除了主张致良知与知行合一之外，阳明还有一个认识，便是主张"心即理"。这点也与朱熹的主张不同，而与陆九渊近似。简而言之，宋明理学系统中，二程与朱熹主张的是理学，而陆、王虽也论此，却比较偏向从个人内心的方向来立论，所以一般将他们归之于"心学"，以与"理学"相区别。理学家并不否定人心的作用，但认为理与心的活动是要分开来讲的。

很简单,理是客观综合起来的理论,是人客观经验的集合,心当然有理,但由心所生的理比较主观,比较难以得到一个合于标准的答案,说起话来是不易准确的,所以理学家虽也讲心,但不特别强调心的作用。这跟心学家的说法很不同,心学家强调"我心"活动的重要性,甚至主张心是所有理的源头。阳明在《答顾东桥书》中说:

> 朱子所谓"格物"云者,在即物而穷其理也。即物穷理,是就事事物物上求其所谓定理者也,是以吾心而求理于事事物物之中,析心与理为二矣。……若鄙人所谓"致知、格物"者,致吾心之良知于事事物物也。吾心之良知,即所谓"天理"也。致吾心良知之"天理"于事事物物,则事事物物皆得其理矣。致吾心之良知者,致知也。事事物物皆得其理者,格物也。是合心与理而为一者也。

他跟顾东桥讨论朱熹与自己哲学观点的差异,宋儒强调"去人欲,存天理",人欲与天理是截然不同的两回事,一个要去,一个要存,没有调和的余地,而这里阳明却直接说:"吾心之良知,即所谓'天理'也。"阳明虽也讲去人欲,却没把天理与人欲讲得这么二分,这么斩钉截铁,这一点是与宋儒不同的。

"吾心之良知,即所谓'天理'也。"除了直认良知即天理之外,还有个意义,即是说天理不在书本里,也不在古代圣贤的语录中,天理不是圣贤教我的,天理原来就藏在我的心中,我只要回到我真正的心，就可以在其中找到所谓的天理，圣贤的功能是启发我发现我自己的天理，而非将圣贤的义理移植到我的身上。

这个说法是多么主观啊，阳明一点不以为这个主观有什么不对，他说："心即理也，天下又有心外之事、心外之理乎？"上一讲曾举《传习录》中的一段记录，有人问深山有花自开自落，那事与我心有何关系呢？阳明回答说："你未看此花时，此花与汝心同归于寂；你来看此花时，则此花颜色一时明白起来，便知此花不在你心外。"照阳明的说法，客观世界的事事物物，如不与我心发生关联，对我而言就无意义，无意义即等于不存在。所以，你知深山有花树，便是花树已在你心中，花虽是客观的事物，却在你心中主观地存在了，所以说天下无心外之物，这是典型的唯心论的说法。他又说："致吾心良知之'天理'于事事物物，则事事物物皆得其理矣。"（《答顾东桥书》）这个说法完全不拐弯，非常直接，而且非常简单，不摆学问的架子。他又说："致吾心之良知者，致知也。事事物物皆得其理者，格物也。是合心与理而为一者也。"（《答顾东桥书》）他等于是用他的良知之学，打通了《大学》八目的"任督二脉"，让被程、朱理学家解释得支离破碎的道理，从此可以贯通了，不但是知与行，而且是知识与品德之间的隔阂都一并消除了，真正达到所谓"一体之仁"的标准。

阳明《月夜二首》：

万里中秋月正晴，四山云霭忽然生。

须臾浊雾随风散，依旧青天此月明。

肯信良知原不昧，从他外物岂能撄？
老夫今夜狂歌发，化作钧天满太清。

处处中秋此月明，不知何处亦群英？
须怜绝学经千载，莫负男儿过一生。
影响尚疑朱仲晦，支离羞作郑康成。
铿然舍瑟春风里，点也虽狂得我情。

以诗言，这两首并非好诗，原因是太直白了，缺少蕴藉，但阳明并非诗人，此诗无须用太严格的文学的方式来界定。这两首诗是用以说明阳明自己的哲学主张的，也对他人有所批判，表现出对朱熹与汉代大儒如郑玄之学的怀疑。阳明认为自己的良知说，比前代诸儒更能搔到痒处，因此可以更直接地说，无须拐弯抹角。

但老实说，学问用这种谈法，也不是没有问题的，因为有不少知识是靠客观与分析得来，不是用"一体之仁"的口号就可以解决的。但当世界陷入长期的混淆，圣人"格物致知"的训示不是那么明白可晓，阳明借由这种思维方式，宣告传统知识为无用，真理其实藏在别处，这种宣示确实也让人眼睛为之一亮。他采用更为直截的语言，另辟蹊径，自成一格，完全不傍依别人，也不在枝节上兜圈子，帮人们解决了一些认知上的问题，这叫作大破大立。

在唐朝的时候，佛教大盛，从天竺传来很多佛教的宗派，有大、小乘，密、显宗等的分别，有的强调经，有的强调律，还有各派都有所独重的诵经持咒的内容与方式，不一而足。中唐之后，经书已多，门派也盛，学佛应以何经为重，彼此往往争议不休，让信仰佛教的人跟着团团打转，不知该皈依何经何派为好。举例而言，光是玄奘大师主持翻译的佛教经典就有七十四部，共一千三百三十八卷。除玄奘之外，译经的还有许多出众的僧伽及饱学之士，所译出的经、律更是汗牛充栋，这是当时宗教与学术的"风潮"。没人想到这么卷帙浩繁的佛教经典，让一般学佛的人从哪里学起呢？从事佛学研究的人不能精熟全部，也得精熟其中的一部分吧？而仅仅一部分也是个令人瞠目结舌的数字，何况解经的人很多，同一部经解释起来又各个不同，彼此争论，莫衷一是。就算你选择了一经，又要从何人的经解入手呢？

正在这纷乱不堪的时候，佛门出了个十分特殊的人物，就是禅宗的六祖慧能。他来自"化外"之地（唐新州，今广东新兴），说的是别人听不懂的广东方言，从小失学，连字都不识一个。起初这个被称为"獦獠"的人在五祖弘忍的庭下做个磨房的帮手，后来出奇制胜，竟然击败了五祖最大的弟子神秀，成为禅宗的衣钵传人。怎么会这样呢？首先，禅宗强调的"人人自有佛性"，这"人人"是否也包括目不识丁的人呢？慧能初答五祖问时说："人虽有南北，佛性本无南北；獦獠身与和尚不同，佛性有何差别？"这段话就饶有趣味了。禅宗主张佛性是自有的，无须"外"求，只往内求，求得本性自足就够了。慧能最重要的宣言是："本来无一物，何处惹尘埃。"一句话就打破了神秀的"菩提""明镜"等"有相"之喻。他解释《金刚经》的主旨说："应无所住，而生其心。"可见我心为主宰，我心之外，其他都不重要。想想看，慧能的说法对传统佛教而言，是多么大的破坏力,又是多么大的建设力呀。

佛教发展到了六祖慧能,才登入真正平等的境界,宣布成佛是学佛的目的,而熟读佛经、吃斋持咒是没有用的,因为那不是成佛的真正条件。因为"人人自有佛性",所以佛法在我身上是自足的,一个人能真正回到自己的内心,找到自己内心的佛性,便可以"立地成佛"了。请注意是"立地",也就是立刻、立即成佛,无须渐修几十年。禅宗提倡的是"立地"式的顿悟,而且认为只有依靠这种方法,才能将我们一生的困惑彻底解决,一了百了。

凭着六祖慧能独特的创见,中国佛教至此才开枝散叶,变成一般民众可以接受的宗教。在此之前,受经、律的重重捆绑,佛教最多只是知识分子的宗教,因为其他人可能连字都不识一个,如何阅读佛教的群经,以进入佛教义理的堂奥呢?阳明的良知学对理学的冲击,有点像唐朝禅宗的六祖慧能对整个佛教的冲击,从此之后,"明心见性"不再是读书人的专利,修齐治平也不光是知识分子的事,而是每个人都可以参与的事了。试想这个转变有多大?

回想《论语》里面曾子所讲的"士不可以不弘毅,任重而道远",在孔子之前,士指的是官员,到孔子之后,士的定义扩大了,指一般的读书人或知识分子了,曾子所讲的是,行仁是知识分子的责任,已用了"士"的广义解了。士既是知识分子,当然得读过书、受过教育,但当阳明提出"吾心之良知,即所谓'天理'也"这个观念后,要"弘毅"的便不仅是读过书的知识分子了。儒家所说的道德责任,也就是要在世上行仁义之事,达到孔子所谓的"老者安之,朋友信之,少者怀之",这变成任何有志之士的责任了，一个从未做过官的人，或者一个读书不多的人，更甚者，一个目不识丁的人，也都可以担起这个责任了。

阳明讲学，很喜欢讲"匹夫匹妇"四个字，"匹夫匹妇"原来指的是寻常男女，是没人会特别注意的一般人，现在连不以读书为业的"匹夫匹妇"也要担负起天下兴亡的责任，可见这转变是多么的大，而给一般人的鼓舞又是多大。有人问阳明什么是异端，他说："与愚夫愚妇同的，是谓同德；与愚夫愚妇异的，是谓异端。"《传习录》载：

> 问："'中人以下，不可以语上'，愚的人与之语上尚且不进，况不与之语，可乎？"先生曰："不是圣人终不与语。圣人的心，忧不得人人都做圣人。只是人的资质不同，施教不可躐等。中人以下的人，便与他说性、说命，他也不省得，也须慢慢琢磨他起来。"

阳明对所谓"愚夫愚妇"的命运感同身受，认为即使是不懂性命之学的众人，也可接受教育，以启发他本有的良知，之后在世上勇敢又正直地做人。他提倡良知，给所有人注入自信，也给所有人以担当责任的机会，这是好的一方面。但也不可避免有一些缺点。一个人如果过于自信，也往往会轻断易行，过于强调个性，便会轻视客观经验，如不知节制，也会流于猖狂，把一个原本默默的人变成妄人或狂人，这是王学发展到后期所呈现的不少问题之一，但这在初始的时候是不太能看出来的。良知学一开始，确实显得明快有力，可以说直截又根本，给长久以来笼罩在迷雾中的心性之学，注入了一种崭新的诠释力量,这是王学受社会普遍的欢迎,良知学具有一种摧枯拉朽之势的道理。

将阳明学视为心学,是因为阳明强调"心"重过"理","吾心之良知,即所谓'天理'",一切所谓的理,其实都是从"吾心"得来。他在《答顾东桥书》中又说:

> 有孝亲之心,即有孝之理;无孝亲之心,即无孝之理矣。……心虽主乎一身,而实管乎天下之理;理虽散在万事,而实不外乎人之一心。

假如不是讨论今天的学术(包括纯知识的,如自然科学知识),只谈儒家的道德哲学,这是说得通的。道德是由人的心来主持,假如没有人心,或者没用心地实践,道德只是虚文,是完全没有意义的。但如逸出了这个范围,这个结论就很难下了。要知道宋明理学或心学,所论述的多数是有关道德与心性上的问题,这种讨论的方式,只能限制在心性学之中,逸出范围,就容易出错。阳明当年"格竹子"就是误触界限,以致没有结果,但此处阳明说的,如谨守道德或心性学的范畴是可以成立的。

《传习录》中又有一段记录,阳明说:

> 可知充天塞地,中间只有这个灵明,人只为形体自间隔了,我的灵明,便是天地鬼神的主宰。

所谓灵明就是心,不是理。人靠灵明主持世界一切,包括认知与判断，阳明这个说法，跟他举深山花树一样，都有强烈的唯心色彩。但以前的理学家，把"理"说得太细、太玄，而且把道德说得太"学术化"，反而跟生活与道德的实践无关了。与生活无关，便脱离了"庶民文化"，跟民众之日常所想脱节，当然得不到民众的呼应。阳明说，人人皆是有现成良知在的，天理不假外求，天理自藏在我心中，这话民众听得懂，反身而求也可以做得到，这是阳明学一经提出，就在社会造成轰动的原因。

## 二、"满街人都是圣人"

阳明告诉我们，除了我心的存在，没有另一个天理的存在，所以天理即我的良知，我的良知即天理。在阳明的时代，此说有打破一切的味道。在阳明看来，所谓圣贤，其实就是把自身的良知发挥、扩充到极致，假如良知是不假他人而既存我心的，那人人都可以不假外求地成为尧舜了。所谓尧舜，其实是个样板，是一般人对圣人的最高想象。阳明的说法，完全呼应了孟子说的"舜何人也？予何人也？有为者亦若是"的精神。

这个意见引发了"满街人都是圣人"这个推论。要知道，"满街人都是圣人"这句话，往往成为后人攻击阳明的话，也形成了阳明学的危机，这里必须说一说。

其实在《传习录》里面就有记载：

> 先生锻炼人处，一言之下，感人最深。一日王汝止

（艮）出游归，先生问曰："游何见？"对曰："见满街人都是
圣人。"先生曰："你看满街人是圣人，满街人到看你是圣
人在。"又一日，董萝石（沄）出游而归，见先生曰："今日见
一异事。"先生曰："何异？"对曰："见满街人都是圣人。"先
生曰："此亦常事耳，何足为异？"盖汝止圭角未融，萝石恍
见有悟，故问同答异，皆反其言而进之。

在这段记录里，阳明并没表示出他对"满街人都是圣人"这个
议题到底是赞成还是反对，《传习录》只是强调他善于聆听不
同人的不同意见，贯彻因人设教的教育风格而已。但下面一
段，就很清楚地指出，"满街人都是圣人"是可能的。《传习
录》载：

洪（钱德洪）与黄正之、张叔谦、汝中（王畿）丙戌会试
归，为先生道途中讲学，有信有不信。先生曰："你们拿一
个圣人去与人讲学，人见圣人来，都怕走了，如何讲得行。
须做得个愚夫愚妇，方可与人讲学。"洪又言："今日要见
人品高下最易。"先生曰："何以见之？"对曰："先生譬如泰
山在前，有不知仰者，须是无目人。"先生曰："泰山不如平
地大，平地有何可见？"先生一言蒻裁，剖破终年为外好高
之病，在座者莫不悚惧。

这段话是说，讲学的人不要摆出一副高高在上的圣人的
模样出来，跟"愚夫愚妇"（指一般没见识的人，没有贬义）讲
学，必须和光同尘地用他们的思考方式，用他们习惯的语言，

与他们打成一片,才能真正感格他们。这里要问,为什么要跟愚夫愚妇讲学呢?因为他们都有成为圣贤的可能。当他们一旦成为圣贤,那不论王汝止还是董萝石所见的"满街人都是圣人"就是事实了。令人惊奇的是阳明说"泰山不如平地大",泰山象征圣人,平地象征一般人,这是一种"宣言"式的警句,是说圣人也有很多地方不如一般的人,圣人不可自傲,而一般人也无须自卑,这是阳明意旨之所在。

阳明并没有兴趣引领群众运动,但他的良知学,确实在民间引起了巨大的波澜,在社会上所形成的作用远盛于官方的学术。官方的学术还是以程、朱为主,以书本上的知识为核心,观念守旧,用语僵化,已与社会脱节。阳明在平定宸濠之乱后,因丁忧在家,避开了朝廷的政争。他在家乡一边休养一边教学,自己的学问与涵养也达到了最成熟的境界。

## 三、关于《大学》的争议

讲到阳明学,必须讲到他强调的良知、致良知与知行合一,这些都是针对传统儒家的道德学而提出来的。阳明之学,求之内心,无须假借,当下实行,直截便利,在当时可谓振聋发聩,但有建设当然也有破坏,破坏必然会引起反对或抗衡,所以阳明学的争议不断出现。

首先是对《大学》一书的争议。

阳明在青年时代有"格竹子"的荒谬经验,因而对朱熹的

"格物"说产生怀疑。之后对朱熹《四书章句集注》中的《大学》部分也怀疑起来。他比较《礼记》第四十二篇《大学》的原文与朱注的《大学》，发现二者有不少差异，最大的差异在于朱熹将《大学》分成经、传两部分（其实朱熹凭借的"改本"是来自北宋时的二程即程颐、程颢），而阳明发现古本的《大学》是前后相连的，根本没有经、传之别，可见朱熹注《四书》时，确实对原来的《大学》动了点手脚。

这点朱熹并非不知道，他在《集注》中说："右经一章，盖孔子之言，而曾子述之。其传十章，则曾子之意而门人记之也。旧本颇有错简，今因程子所定，而更考经文，别为序次如左。"朱熹选择二程的改本，是认为如此更方便于解释，也是对的选择。但阳明认为这样做根本上是错的，把原文分成经、传，无疑撕裂了古书，书经撕裂，诠释也跟着错了，应该把朱熹的注本更正过来，恢复使用本无经、传之别的古本。

其次，朱熹在集注本《大学》传的四章后该出现解释格物、致知之意的第五章，却找不到原文。朱熹说："右传之五章，盖释格物、致知之义，而今亡矣。间尝窃取程子之意以补之曰。"后面即是让阳明产生误会，与朋友发愿要"格竹子"的那段重要文字，又叫作"格物补传"。阳明后来认为这补传也是多余的，因为格、致本于诚意，《大学》已在解释诚意时充分说明了，无须补传多说。《年谱》正德十三年（1518）条有记：

> 先生在龙场时，疑朱子《大学章句》非圣门本旨，手录古本，伏读精思，始信圣人之学本简易明白。其书止为一

篇,原无经、传之分。格致本于诚意,原无缺传可补。以诚意为主,而为致知格物之功,故不必增一敬字。以良知指示至善之本体,故不必假于见闻。至是录刻成书,傍为之释,而引以叙。

这段话对古本《大学》之说作了结论,《大学》本无经、传之别,朱熹加的"格物补传"也是多余的。

阳明又说:"格致本于诚意,原无缺传可补。以诚意为主,而为致知格物之功,故不必增一敬字",须再进一步说明。

朱熹在注《大学》时并未强调"敬",但在《四书纂述》中说过:"入道莫如敬,未有能致知而不在敬者。"阳明说:

《大学》工夫即是明明德,明明德只是个诚意,诚意的工夫只是格物致知。若以诚意为主,去用格物致知的工夫,即工夫始有下落,即为善去恶无非是诚意的事。如新本先去穷格事物之理,即茫茫荡荡,都无着落处,须用添个"敬"字,方才牵扯得向身心上来,然终是没根源。若须用添个"敬"字,缘何孔门倒将一个最紧要的字落了,直待千余年后要人来补出?正谓以诚意为主,即不须添"敬"字,所以提出个诚意,正是学问的大头脑处。于此不察,真所谓毫厘之差,千里之谬。大抵《中庸》工夫只在诚身,诚身之极便是至诚;《大学》工夫只在诚意,诚意之极便是至善,工夫总是一般。今说这里补个"敬"字,那里补个"诚"字,未免画蛇添足。(《传习录》)

可见阳明对朱熹解释的《大学》是很不以为然的。宋人常有疑经改经的风气，朱熹也许受此习染影响，对《大学》原文做了改变，这种改变不论在经上或是传上，都造成《大学》诠释上的重大分歧。

阳明提倡复古本《大学》之旧，当时得到不小的呼应。后梅鹙（约 1483—1553）、杨慎（1488—1559）、焦竑（1540—1620）等人用文字、辨伪、辑佚及考订名物等方式，研究宋人改经之功过，认为过多于功。这些考证上的成果，对清代乾嘉时期的考据学其实造成了很大的影响。这么说来，阳明的学术作用好像还不仅在明心见性的功用上，产生的影响也不止于一端呢！

除此之外，《大学》中的"大学之道，在明明德，在亲民，在止于至善"中的"亲民"两字，朱熹认为该从程颐解释为"新民"（这是因为《大学》原文后引了《尚书·周书·康诰》"作新民"之缘故），朱注言："新者，革其旧之谓也，言既自明其明德，又当推以及人，使之亦有以去其旧染之污也。"这段解说，阳明也深以为不可。《传习录》首章第一段就记了大弟子徐爱问两者之不同，文中言：

> 爱问："'在亲民'，朱子谓当作'新民'，后章'作新民'之文似亦有据；先生以为宜从旧本作'亲民'，亦有所据否？"
>
> 先生曰："'作新民'之'新'是自新之民，与'在新民'之'新'不同，此岂足为据？'作'字却与'亲'字相对，然非'亲'字义。下面'治国平天下'处，皆于'新'字无发明。

如云'君子贤其贤而亲其亲,小人乐其乐而利其利''如保赤子,民之所好好之,民之所恶恶之,此之谓民之父母'之类,皆是'亲'字意。'亲民'犹孟子'亲亲仁民'之谓,亲之即仁之也。百姓不亲,舜使契为司徒,敬敷五教,所以亲之也。《尧典》'克明峻德',便是'明明德';以'亲九族'至'平章''协和',便是'亲民',便是'明明德于天下'。又如孔子言'修己以安百姓','修己'便是'明明德','安百姓'便是'亲民'。说'亲民'便是兼教养意,说'新民'便觉偏了。"

阳明认为"亲民"比"新民"要好:"亲民"是亲近民众,"新民"是一新民众;"亲民"自觉与民众平等,而"新民"说有改革民众朝新的方向前进的含义,自觉是比民众高了一筹的。这跟阳明认为就算是愚夫愚妇也有成为圣贤的可能的基调是不相同的,阳明当然反对了。其次诠释经典,非万不得已,不能改易原典文字,"亲民"可解释得通(甚至解释得更好),那就更不该动了,此处阳明的坚持是合理的。

## 四、《朱子晚年定论》

阳明一直在思考一个问题:朱熹博学罩思,为何会犯这个算起来很严重的"错"呢? 所以接下来,我要谈一谈阳明写的《朱子晚年定论》的问题。

《朱子晚年定论》是一本阳明"编"成的小书,大约是搜集

朱熹"晚年"与友朋弟子的往来书信,证明朱熹晚年思想大变。阳明弟子钱德洪说:

> 朱子病目静久,忽悟圣学之渊薮,乃大悔中年注述误己误人,遍告同志。师阅之,喜己学与晦翁同,手录一卷,门人刻行之。

这本书大约编成于阳明四十三岁之前,首刻于征南、赣时。主旨正如钱德洪所言,是朱熹对自己的学术不以为然,晚年似有转变之迹象。阳明也在书首作了说明,他首先说:"洙、泗之传,至孟氏而息;千五百余年,濂溪、明道始复追寻其绪;自后辨析日详,然亦日就支离决裂,旋复湮晦。"接着自述"谪居龙场,居夷处困,动心忍性之余,恍若有悟","间尝以语同志,而闻者竞相非议,目以为立异好奇"。最后阳明说:

> 及官留都,复取朱子之书而检求之,然后知其晚岁固已大悟旧说之非,痛悔极艾,至以为自诳诳人之罪,不可胜赎。世之所传《集注》《或问》之类,乃其中年未定之说。自咎以为旧本之误,思改正而未及,而其诸《语类》之属,又其门人挟胜心以附己见,固于朱子平日之说犹有大相谬戾者,而世之学者局于见闻,不过持循讲习于此。……且慨夫世之学者徒守朱子中年未定之说,而不复知求其晚岁既悟之论,竞相呶呶,以乱正学,不自知其已入于异端;辄采录而衷集之,私以示夫同志,庶几无疑于吾说,而圣学之明可冀矣。

　　阳明认为朱熹晚年思想大变，与自己的想法已经很接近了。这当然有给自己的良知说增添证据的作用，相当于说前代大儒到晚年已放弃其理学旧说，证明心学才是儒学之正统。本来这种争议各说各话，不易得到共识，问题是阳明与弟子提出此说时，语气过于激烈，让当时儒学界有人心存不满，宗朱子之学的人则更为愤愤。激烈的语言如阳明说朱熹"知其晚岁固已大悟旧说之非，痛悔极艾"，说世之学者"徒守朱子中年未定之说，而不复知求其晚岁既悟之论，竞相呶呶，以乱正学，不自知其已入于异端"。阳明弟子钱德洪又说："朱子病目静久，忽悟圣学之渊薮，乃大悔中年注述误己误人，遍告同志。"

　　钱德洪说朱熹"大悔中年注述误己误人"，语气过当了些。然而话虽激烈，却也不都是没有根据的，因为书中引言，绝大多数是出于朱熹自己之口，如言"误人"，引朱熹《答黄直卿书》中言："此是向来定本之误，今幸见得，却烦勇革，不可苟避讥笑，却误人也。"言"支离"，其《答吕子约》中言："熹亦近日方实见得向日支离之病，虽与彼中证候不同，然忘己逐物，贪外虚内之失，则一而已。"言"自诳诳人"，其《答何叔京》中言："乃知日前自诳诳人之罪，盖不可胜赎也。"可见评语大多采自朱熹之亲言，并非阳明杜撰。

　　但就算朱熹所亲言，一部分可能是朱熹真忏悔自己犯了错，也有一部分可能是表示谦虚，这是古代学者共有的好品德，但此二者，有的分得清楚，有的分不清楚，或者忏悔与谦虚兼有，只是程度不同，不好确定必定是指何方面而言。"误己误人"由朱熹说，显得虚怀若谷，极为高尚，但由别人说，就有肆意攻击朱熹之嫌了。

最早对《朱子晚年定论》表示不以为然的是阳明的朋友顾东桥(名璘,1476—1545),《传习录》引其来书曰:"闻语学者乃谓即物穷理之说,亦是玩物丧志;又取其厌繁就约,涵养本原数说,标示学者,指为晚年定论,此亦恐非。"但阳明答书,只评论朱熹格物之说析心与物为二,是根本行不通的事,至于《朱子晚年定论》引文的正确性,阳明并未细论。

隔了几年后,比阳明年长七岁的罗钦顺(号整庵,1465—1547)致书阳明,言:"偶考得何叔京氏卒于淳熙乙未,时朱熹方四十有六,后二年丁酉而《论孟集注》《或问》始成,今有取于答何书四通,以为晚年定论,至于《集注》《或问》则以为中年未定之说,窃恐考之欠详,而立论之太果也。"

罗钦顺之后,陈建(1497—1567)著《学蔀通辩》、冯柯(生卒年未详)著《求是编》提出更多证据,认为阳明所采书信,除了罗钦顺所举,还有一些是朱熹晚年之前所写的,而与书名《朱子晚年定论》的"晚年"不合,因而证明阳明"簸笔舌以玩侮先正,而初无委曲调停之意",攻击阳明之词甚为严峻。

阳明在《答罗整庵少宰书》中,也承认自己在选择上犯了错,但大体上,认为一些不慎造成的错误并不影响全书的大意。他说:

> 其为《朱子晚年定论》,盖亦不得已而然。中间年岁早晚诚有所未考,虽不必尽出于晚年,固多出于晚年者矣。然大意在委曲调停,以明此学为重,平生于朱子之说如神明蓍龟,一旦与之背驰,心诚有所未忍,故不得已而为此。"知我者,谓我心忧;不知我者,谓我何求?"盖不忍

牴牾朱子者，其本心也；不得已而与之牴牾者，道固如是，不直则道不见也。（《传习录》）

《朱子晚年定论》采证确实有欠实的部分，连阳明自己也承认。"一旦与之背驰，心诚有所未忍，故不得已而为此"，说明阳明也知道自己犯了罗织的错误；"不得已而与之牴牾者，道固如是，不直则道不见也"，阳明认为朱熹晚年的思想与中年之前比是有很大差异的。当然，争议的焦点仍是他与朱熹在《大学》一书的看法歧异上。

《答罗整庵少宰书》里还有一段精彩的文字，充分代表了阳明对学术的真诚及生命中极有爆发力的血性。阳明说：

> 《大学》古本乃孔门相传旧本耳。朱子疑其有所脱误而改正补缉之。在某则谓其本无脱误，悉从其旧而已矣。失在于过信孔子则有之，非故去朱子之分章而削其传也。夫学贵得之于心，求之于心而非也，虽其言之出于孔子，不敢以为是也，而况未及孔子者乎！求之心而是也，虽其言出于庸常，不敢以为非也，而况其出于孔子者乎！且旧本之传数千载矣，今读其文词，既明白而可通；论其工夫，又易简而可入，亦何所按据而断其此段之必在于彼，彼段之必在于此，与此之如何而缺，彼之如何而补，而遂改正补缉之，无乃重于背朱而轻于叛孔已乎？

我们读古书，非不得已，不可改动原书字句，假如原文可读通,一定要照原文训读,这是很普遍的规矩。《大学》在《礼记》里,本不分经、传,朱熹《集注》本却将之分成了经、传两部分,从考据学的标准来说便站不住脚,所以从此处而言,朱熹是错了。另如将"在亲民"改解释作"在新民",则更有问题,因为"在新民"在含义上反而不如原文的"在亲民"更富足而周惬,这些道理在上段论古本《大学》时已说过,此处不赘。至于阳明在处理这个问题时为何动了"意气",说了"夫学贵得之于心……"那一长段话,留到后文再讨论。

再回头谈《朱子晚年定论》的问题,阳明在留都南京较空闲的一段时间,遍读朱熹之书,发现朱熹晚年思想有了变化,不复早年"道问学"的手段,而渐渐有了"尊德性"的认识倾向,是不是有向陆九渊靠拢的意思不能确定,但弃繁趋简,舍分歧而就统一的倾向是很明白的。朱熹在《答陆象山》中说:

> 熹衰病日侵,去年灾患亦不少。比来病躯,方似略可支吾,然精神耗减,日甚一日,恐终非能久于世者。所幸迩来日用功夫颇觉有力,无复向来支离之病,甚恨未得从容面论。未知异时相见,尚复有异同否耳?

朱熹屡次承认自己早年的"支离",确是事实,他在给陆九渊的信中所言"未知异时相见,尚复有异同否耳","异同"当指"道问学""尊德性"之差异,"无复向来支离之病",证明朱熹有向"尊德性"靠拢的意图。如此看来,阳明的判断也并非全无所据。但据陈荣捷先生在《王阳明传习录详注集评》一书中的说法,如在朱熹遗书中采证书信,有与朱熹通信者,所知约有四百三十人，朱熹致书所存者有一千六百余通，《朱子晚年定论》所采三十四书，人则仅二十三人，在朱之遗集中为极少之数，以此少数书信"断定"朱熹晚年思想，本来就有危险。陈荣捷说："以朱子思想之渊博，若谓选三数十书便可断其定论，则任何言说，均可谓定论矣。"所言极确。

阳明所辑如真是朱熹的书信，也许不尽出于朱熹的"晚年"，但还是足以代表朱熹"一部分"或某个时期之思想，这也毋庸争议。世人多以"道问学"视朱熹之学，阳明发现朱熹其实有很多视角的"分歧点"，朱熹自称有支离之病，曾说自己"误己误人""自诳诳人"也都是事实，阳明据此判断朱熹晚年思想有变，也许在时间上不够精准，但可说明朱熹思想的多面性，或者可以说朱熹对自己的主张也有怀疑的部分，都是确凿的。

那我们该如何来看《朱子晚年定论》这本书呢？

其一，学术上的分类往往是历史研究者造成的，说朱熹是"道问学"，说陆九渊是"尊德性"，都是这种分类，二者含义都不是那么准确。譬如，朱熹曾劝人半日静坐、半日读书，半日读书大家都懂，因为朱熹教人"做学问"，读书当然重要，但他又要人半日静坐是何意思？静坐是排除外缘求得内心安宁的手段。荀子曰："君子之学也，入乎耳，著乎心，布乎四体，形乎动静。"学问不仅要"入乎耳"，还要"著乎心"，这与心学家主张道德自觉要向内心去追求的意思很像。朱熹主张半日静坐，当然不是佛教式的静坐，也不是道教式的静坐，而是一种儒家特有的内省的心理活动方式。采用这种特别的修养方式，是否有朝"心"靠拢的迹象呢？看起来似乎有。如果有的话，可见朱子之学也没有舍弃心学家的想法,也认为心的活动是重要的。另外,陆九渊也不阻止人读书,虽主张读书不是那么重要,主张"万物皆备于我",但他自己以及他周围的朋友学生,也都算是"饱学"之士,所以很多事实,不能全靠既成的分类来看。

其二是"变"的问题。黄宗羲在《明儒学案·姚江学案》序中说阳明"其学凡三变而始得其门",既允许活了五十七岁的阳明"其学凡三变",却不允许朱熹一生有变化的可能? 要知道朱熹活了七十一岁,比阳明要高寿许多,变的可能性也就更大了呢! 一个学者,对学问的认识,对生命的体悟,随时是在改变的,所以清代的王懋竑(1668—1741)纂《朱子年谱》,写朱临终前三日仍在修改《大学·诚意章》,为何要改? 因为觉得原注不妥,或有新发现与体悟要补充进去,可见朱熹临终前仍在变。

钱穆先生在《宋明理学概述》一书中批评《朱子晚年定论》说:"从来以一代大儒、一代宗师来写一本书,总没有像此书般的粗疏的。"的确,阳明在这本书上犯了不少引证的错误,尤其在时间的考证上。还有,阳明在写此书时,思想还不够圆熟,也从未想到自己会有一天变成钱先生说的"一代大儒、一代宗师",对阳明而言,这是过誉了,过誉就可能有违事实。

但我们可从另一角度看这本书,阳明在《朱子晚年定论》中所呈现的朱熹是对自己的学问深觉不安的朱熹。他要求进步,不断在努力思考,不断在努力求变,这也显示了一个很真实的朱熹,倒不必确定这个求变的朱熹是在中年或晚年,也不必确定朱熹是否由"外"转向"内"，是否由"道问学"转为"尊德性"，更无须确定此后是否就"定"了不再变了。依王懋竑的说法，朱熹就是活到八十一岁，也是会继续把他之前注的书改个不休的，这才是真正的朱熹。

# 第七讲

# 一、"然吾之心与晦庵之心未尝异也"

阳明虽然在《大学》的诠释上严词批评过朱熹，却在《朱子晚年定论》中想把朱熹拉向自己，认为朱熹后来的主张已与自己相去不远了。《传习录》中记阳明与弟子杨士德（骥）的对谈：

> 士德问曰："格物之说，如先生所教，明白简易，人人见得。文公聪明绝世，于此反有未审，何也？"先生曰："文公精神气魄大，是他早年合下便要继往开来，故一向只就考索著述上用功。若先切己自修，自然不暇及此。到得德盛后，果忧道之不明。如孔子退修六籍，删繁就简，开示来学，亦大段不费甚考索。文公早岁便著许多书，晚年方悔是倒做了。"

又说：

> 文公不可及处，他力量大，一悔便转。可惜不久即去世，平日许多错处皆不及改正。

《传习录》又记：

> 朋友观书，多有摘议晦庵者。先生曰："是有心求异

即不是。吾说与晦庵时有不同者，为入门下手处有毫厘千里之分，不得不辩。然吾之心与晦庵之心未尝异也。"

可见，阳明一生对朱熹还是深深佩服、十分崇敬的，他从未对朱熹说过轻慢的话。

## 二、"四有""四无"

现在还要讨论一个话题，是"四有""四无"的争议，这问题与朱熹无关，但比与朱熹有关的问题更复杂些。

"四有""四无"之说提出的时间很晚，大约是阳明在世最后一次与学生所讨论的有关良知学的问题。"有"与"无"，光看字面，就有强烈的对比与冲突性，这是阳明的两大弟子钱德洪与王畿对良知说的不同解释，牵涉"良知说"的本体与功夫，事关紧要。先看《传习录》中有关的记录：

丁亥年九月，先生起复征思、田。将命行时，德洪与汝中论学。汝中举先生教言，曰："无善无恶是心之体，有善有恶是意之动，知善知恶是良知，为善去恶是格物。"德洪曰："此意如何？"汝中曰："此恐未是究竟话头。若说心体是无善无恶，意亦是无善无恶的意，知亦是无善无恶的知，物是无善无恶的物矣。若说意有善恶，毕竟心体还有善恶在。"德洪曰："心体是天命之性，原是无善无恶的。但人有习心，意念上见有善恶在，格、致、诚、正、修，此正是复那性体功夫。若原无善恶，功夫亦不消说矣。"

是夕侍坐天泉桥，各举请正。

先生曰："我今将行，正要你们来讲破此意。二君之见，正好相资为用，不可各执一边。我这里接人，原有此二种。利根之人，直从本源上悟入，人心本体原是明莹无滞的，原是个未发之中。利根之人，一悟本体，即是功夫，人己内外一齐俱透了。其次不免有习心在，本体受蔽，故且教在意念上实落为善去恶，功夫熟后，渣滓去得尽时，本体亦明尽了。汝中之见，是我这里接利根人的；德洪之见，是我这里为其次立法的。二君相取为用，则中人上下皆可引入于道。若各执一边，眼前便有失人，便于道体各有未尽。"

既而曰："已后与朋友讲学，切不可失了我的宗旨：无善无恶是心之体，有善有恶是意之动，知善知恶是良知，为善去恶是格物。只依我这话头随人指点，自没病痛，此原是彻上彻下功夫。利根之人，世亦难遇。本体功夫一悟尽透，此颜子、明道所不敢承当，岂可轻易望人！人有习心，不教他在良知上实用为善去恶功夫，只去悬空想个本体，一切事为俱不着实，不过养成一个虚寂。此个病痛不是小小，不可不早说破。"

是日德洪、汝中俱有省。

这段文字是阳明弟子黄省曾录的，文中称钱德洪为德洪（直称），称王畿为汝中（敬称），并非黄省曾不周到，而是因为《传习录》完成于钱德洪之手，钱在整理文稿时为表谦虚，都统一将对他的敬称改成德洪了。我们综合一下钱德洪跟王畿的不同说法,钱德洪听到阳明曾跟他说过,"无善无恶是心之体,有善有恶是意之动,知善知恶是良知,为善去恶是格物",但王畿认为应该改成这样才对,便是"心体是无善无恶,意亦是无善无恶的意,知亦是无善无恶的知,物亦是无善无恶的物"。钱德洪引的是"有",而王畿说所引的都是"无",所以历史上称这次争议叫"四有""四无"之争。因这最早的四句来自阳明对钱德洪的教诲,故又称"四句教"。又因发生在阳明起征思、田之前一日,两人请益此问题在山阴的天泉桥上,故又叫"天泉桥证道",王畿也有《天泉证道记》一文专记此事。

据记载,钱德洪所引的师说并没有引错,因为阳明在天泉桥上证实了,但他的"四句教"其实是包含了"有""无"两端的:"无善无恶是心之体,有善有恶是意之动",前者为"无",后者为"有"。什么叫作"心之体"? 体即本质,也就是心的本质该是无善无恶的。什么叫作"意之动"? 也就是指心的动作、作用是有善有恶的了(《大学》八目意在心之前,但在此处,意即心,并无太大区别)。

阳明的解释是他的教学为"利根"的人所设,也为一般"其次"(不算利根)的人所设。利根指根器锋利,一经指点便能达道,无须循环假借,良知流行,便达至善的人。还有一种人,不是那么聪明,必须随处指点,勤加练习,方可体会良知本我所有,不必再在外攀援了。阳明施教,有效法孔子之意,孔子虽然有教无类,但施教时也得注意对象的能力,因为孔子也说过:"中人以上,可以语上也;中人以下,不可以语上也。"(《论语·雍也》)此处括出"中人以下""中人以上"或"利根""其次"之词语，并不在有意区别学生的优劣，而是要施教者注意施教的方法，对学生要因材施教，所以阳明说："二君之见，正好相资为用，不可各执一边。"(《传习录》)

阳明的良知说，是说每个人内心都有分辨基本是非善恶的能力，而这基本的能力，是人生所有"理"的本源，当提出了"良知说"，便自由演变出"心即理"的说法了。"心即理"若成立，则表示求天理无须烦琐去外求，回归内心就是最好的方式，因为世间之理，其实藏在我心中。到此地步，则程、朱所说"是以《大学》始教，必使学者即凡天下之物"，就变得没有意义了，学者其实无须由格凡天下之物来求理的。

但由回归内心以求得天理，是否任何人都会得到相同的结果，却是不能保证的。这便演化出像阳明所说的，根器利的人一点就通，而根器不利的人就须经人更多指点，自己也须加倍努力才能做到，与孔子"中人"之喻，便不谋而合了。王畿在《天泉证道记》中言：

> 先生（王畿）谓夫子立教随时，谓之权法，未可执定，体用显微，只是一机。心意知物，只是一事。若悟得心是无善无恶之心，意即是无善无恶之意，知即是无善无恶之知，物即是无善无恶之物。盖无心之心则藏密，无意之意则应圆，无知之知则体寂，无物之物则用神。

王畿的"四无"说，其实强调的是用"悟"的方式来体道，最后几句是用《易·系辞》的典故。《系辞》曰："蓍之德圆而神，卦之德方以知，六爻之义易以贡。圣人以此洗心，退藏于密。

吉凶与民同患。神以知来,知以藏往,其孰能与此哉。"王畿认为良知的最高哲学境界是"无",因为意在"无"的状态下才能应圆,知在"无"的状况下才能体寂。所谓"无",便是无善无恶,这是天命之性的最高存在状态。王畿说:"天命之性,粹然至善,神感神应,其机自不容已,无善可名。无善可名,恶本固无,善亦不可得而有也。""至善"来自《大学》之"止于至善",王畿的话牵涉到对"至善"的解释,从字面上言,"至善"当然有善的成分,否则便不能叫"至善"了,但王畿却认定"至善"既为"至",便不该有善恶的含义存在,"粹然至善"却"无善可名"的认定。假如良知是人心的至善,良知在实践的时候当然分得出善恶,但它的最初源由,也就是阳明说的"心之体",应该是无善无恶的,本体与功夫是两端,是不可混淆的。但据钱德洪的看法,假如本体是"无"的话,如何产生功夫的"有"? 因而有"若说心体是无善无恶,意亦是无善无恶的意,知亦是无善无恶的知,物亦是无善无恶的物矣。若说意有善恶,毕竟心体还有善恶在"的问话。

有无之辩是传统儒家与道家思想的最大分野,而"归寂"又是后来佛学的看法,阳明只说"心之体"是无善无恶,而王畿更推而广之,认为从心之体到心之意,到心之动,再到良知的发现,都应是无善无恶的,这便已堕入佛家的说法了。王畿"四无"引用了道家、佛教的观点诠释阳明的"良知说",当然偏离了传统儒家的说法,连阳明也并不完全认可,但他对两弟子的言论,并不很严厉,说自己学说中的"无"是为"上根人"立言,而"有"是为"中根以下人"即一般人立言,阳明称之为"教法"不同。王畿《天泉证道记》于此记录尤详:

夫子曰："正要二子有此一问。吾教法原有此两种，四无之说为上根人立教，四有之说为中根以下人立教。上根之人悟得无善无恶心体，便从无处立根基，意与知物皆从无生，一了百当，即本体便是工夫，易简直截，更无剩欠，顿悟之学也。中根以下之人，未尝悟得本体，未免在有善有恶上立根基，心与知物，皆从有生，须用为善去恶工夫，随处对治，使之渐渐入悟。从有以归于无，复还本体，及其成功，一也。世间上根人不易得，只得就中根以下人立教，通此一路。汝中所见是接上根人教法，德洪所见是接中根以下人教法。"

后来又说：

汝中所见，我久欲发，恐人信不及，徒增躐等之病，故含蓄到今。此是传心秘藏，颜子、明道所不敢言者，今既已说破，亦是天机该发泄时，岂容复秘？

依王畿的说法，阳明于钱、王二人主张中，似乎较偏向王之一边，更嘉许王畿独传此心之秘藏，否则不会说："今既已说破，亦是天机该发泄时。"这么说来，阳明虽也说过两者不可偏废，但于王畿的"四无"说更为赞赏。这是什么原因？

首先讲出，由"无"生"有"的道理应来自北宋的周敦颐。其《太极图说》道：

无极而太极。太极动而生阳。动极而静，静而生阴，静极复动。一动一静,互为其根,分阴分阳,两仪立焉。

有些学者认为《太极图说》"无极而太极"的说法,源自道教之陈抟,在道藏中的《上方大洞真元妙经品图》中,已有周敦颐《太极图说》中类似之图之说,但从周敦颐之后,"有"生于"无"的理论就在儒家学说中流行起来。在道教,这理论是用作修炼;在儒家,则多用来解释宇宙的发生、一切的起源。

阳明于宋儒中很推崇周敦颐,他讲良知尽头的心之体时说"无善无恶心之体",无疑是用了周敦颐的"无极而太极"的观念,在这一系统之下,看起来有它的合理性。这"无极而太极"原只是为万象找出一个产生的理由,对世上已存事物并无影响,传统儒家对之往往"存而不论"。宋朝之后,讨论这项议题的多了,但因为无法证明,学者的态度也多莫衷一是。阳明提出最重要的见解是"良知说",而良知不是无,而是有,不是无善无恶,而是有善有恶,否则不会接着说"知善知恶是良知",又说:"良知只是个是非之心,是非只是个好恶。只好恶就尽了是非,只是非就尽了万事万变。"问题是阳明何须更往上推,要说良知产生之前的"有""无"问题呢?《年谱》在嘉靖六年丁亥条记天泉桥问答,阳明答钱德洪问言:

有只是你自有,良知本体原来无有,本体只是太虚。

但又说:

太虚之中,日月星辰,风雨露雷,阴霾饐气,何物不有?

严格来说，以上两句是互相矛盾的，如本体即是太虚，本体是"无"，太虚也当是"无"，既是"无"，则"日月星辰，风雨露雷，阴霾饐气"也应不存在，为"无"，不该是"有"。所以在这里讨论到心的本体为"无"，对"良知说"除造成纷扰外，并无太大益处。然而由王畿文中所述，阳明似很看重"无善无恶是心之体"这个论述，以"传心之秘"来形容。但《年谱》里又有段话，阳明又嘱钱、王二人说："二君以后再不可更此四句宗旨。此四句中人上下无不接着。我年来立教，亦更几番，今始立此四句。人心自有知识以来，已为习俗所染，今不教他在良知上实用为善去恶功夫，只去悬空想个本体，一切事为，俱不着实。此病痛不是小小，不可不早说破。"这显示阳明也担心此说恐有蹈虚之病。

"良知说"是否一定要从心的本体是"有"还是"无"来谈，又是另一问题了。阳明在与两弟子言谈之间，从语意上看，是比较站在王畿这一边的，假如嘉许王畿的说法是为"上根人"立论，而与阳明之前常说的"与愚夫愚妇同的，是谓同德；与愚夫愚妇异的，是谓异端"，在此情境下便有些不合了。

但不论据《传习录》还是《年谱》所记，阳明对学者"今不教他在良知上实用为善去恶功夫，只去悬空想个本体，一切事为，俱不着实"也深以为病，有意教示学生要在有、无问题上作一调和。阳明在天泉桥上说的最后的一段话，其实埋下了阳明死后几百年争议的端绪。

当然，四句话中争议最大的是首句"无善无恶心之体"，在此之前，阳明好像从未说过类似的话。论"本体"，阳明说过"至善是心之本体"，说过"人性皆善，中和是人人皆有的，岂可谓无",说过"至善者,心之本体",又说过"天命之性,粹然至善"。至善既是心之本体,则本体该是善的,说心体是无善无恶便是不通了,所以,刘宗周力辩此说不出自阳明。他说:

> 王门倡无善无恶之说,终于至善二字有碍。解者说:"无善无恶,斯为至善。"毋乃多此一重之绕乎。善,一也,而有有善之善,有无善之善,古人未之及也。即阳明先生亦偶一言之,而后人奉以为圣书,无乃过与?

黄宗羲在《明儒学案·师说》"王龙溪畿"条又引刘宗周之言道:"愚按:四句教法,考之阳明集中,并不经见。其说乃出于龙溪。"也就是说,黄宗羲的老师刘宗周认为四句教中无善无恶之说是"偶一言之",应是王畿个人的说法,与阳明无关。

刘宗周认定是王畿一人之言,是站不住脚的,因为四句教不仅在王畿的《天泉证道记》中出现,也在《年谱》《传习录》中同时出现,应该是出于阳明之口的。阳明此说在其他地方未见过,也实如刘宗周说的"偶一言之",但这"偶一言之"在阳明并不是戏言,似也不能轻轻带过。刘宗周曾评论这无善无恶之说:"有无不立,善恶双泯,任一点虚灵知觉之气,从横自在,头头明显,不离着于一处,几何而不蹈佛氏之坑堑也哉!"而且就依阳明自己说的,他为"上根"与"中根以下"的人施教,宗旨虽相同,而立言却有异,这使阳明的后学明显地划分成两大派:一派不以天资高自居,勤于寻天理于良知,即知即行,知行合一;一派则强调了悟,从气魄上承担,任天机之流行,行迹几近乎禅。这事本该好好讨论的,但阳明出征在即,似乎没有时

间从容与学生讨论厘清，而埋下的争议成为日后左右两派倾
轧的标的。

## 三、王学分派

阳明自从龙场遇赦之后，到南、赣平乱之前，有一段比较
平顺的日子，从此时起跟随他的弟子开始多了起来。弟子多
了，因省籍之不同，社会阶级之有别，对阳明学的认识与体验
也有些差异，便自然形成了几个门派，几派弟子以南方人居
多，北方人较少。阳明自己知道，当时的人对他的学术"疑信
者半"，良知学曾风行，但反对者还是很多，阻碍在北方尤其
大些。

当然，阳明学是王阳明创造出来的一个哲学派别，阳明
学发展于崇扬朱子之学的环境，比起阳明来，朱子之学稍繁
复，需要用很多学识来巩固，不读很多书，尤其是不读很多儒
家的经典，是进不了朱子之学的核心的。阳明只拈出"致良
知"，而这良知是不待学、不待虑的，任何人只要反身而诚都
可以找到良知。在明代中叶，阳明的主张，掀起了一阵很大
的思潮冲击，一些读书人或做高官的人对他比较敌视，认为
他破坏了传统，而这传统比较赞成维护社会既有的秩序，阳
明学似乎打乱了这种秩序，所以应该排斥。但在一般社会
里，对阳明学却比较欢迎，因为良知学带给更多人成圣成贤
的希望。

阳明贬谪贵州之后，身边多了不少跟随者，后来越跟越

多,连他接受朝廷命令去出征时,周围都跟着学生。只要一停下来,学生就与阳明讨论学问与修养上的诸多问题,阳明也乐得如此,他本身是个好动的人,喜欢交游,与人为善。但像他这样无论在野在官,甚至在平定乱事的现场,起居坐卧,身边老跟着一大群学生,是一个非常特殊的现象,很难得的。这其中一个重要的原因是来自社会。

明代中叶,传统中国社会还不能说是解体,但确实有了很大的变化,这变化,在长江中下游地区尤其显著。首先是这一地区的经济比以前好了,人民的生活比以前有许多改善,人口也跟着剧增。据研究经济史的学者说,明自中叶之后,被泛称为"江南"地区(指长江以南,浙江以北)的长江下游,手工业发达,带动了地区繁荣,人口增加了,人民的生活也变得富裕了。还有一个原因是,自明代中叶起,东南沿海就与外国产生了频繁的交流,最初是海盗入侵,后来海盗平了,海运畅通带来了繁盛的贸易,口岸越来越多,以泉州为中心,向北到温州、宁波,向南到漳、汀,到潮、汕,以至澳门。在此情况下,商业与庶民文化越来越兴旺,连带社会的价值观也随着大大改变。更晚的万历年间,欧洲传教士利玛窦(Matteo Ricci, 1552—1610)从澳门经肇庆、韶州、南昌到南京、北京,一路看到了中国各地富裕的景象,竟惊讶地说中国当时比起欧洲任何地方都要富庶,详情记在其所著的《利玛窦中国札记》中。在书中,利玛窦描写了他刚到南京时所见到的景象:

论秀丽和雄伟,这座城市超过世上所有其他的城市,而且在这方面,确实或许很少有其他城市可以与它匹敌或胜过它。它真的到处是殿、庙、塔、桥,欧洲简直没有能超过这些的类似建筑。在某些方面,它超过我们的欧洲城市。

由利玛窦的描述,可以知道中国江南一带在当时的繁华富裕,在这种物阜民康的状况之下,民众的知识需求也变高了,这是经济带动了生活的一环。

有部以读书人生活为背景的小说《儒林外史》,作者吴敬梓虽然是清朝人,而小说写的是明代的社会。在这部小说里我们会发现明代的刻书业极为发达,书中有位马二先生(马纯上)就是以帮书肆选文为业。他负责选好的文章,有的还加上评语按语,以利大众阅读。这工作极讲效率,选好后立即由书商找刻工现刻现印,以应市面大量的需要,几乎每本刚上市的书,不要几天就售罄了。马二先生也因选文督刻之便,周游四处名胜,闹了不少笑话。当然,马二先生所选以"时文"为主,所谓时文就是教人应考的八股文,但书肆所售,不只如此,因为明代科考,也得考古文与应制诗,所以书肆"古文"与其他文类的书也很不少。除应考的参考书籍,小说、戏曲的书也不少,有很多有名的人帮这类书写"评点",李贽就是其一。明代中叶之后,各地刻书业都很发达,所刻图书比起前朝要多了许多,因为有人读有人买。有时因为要刻的太多,刻工与校对就比较粗糙,以致清代人有"明人刻书而书亡"的话。

利玛窦也在他的《札记》中描述了所见到的中国印刷业发达、民间读书风气极盛的现象,可见知识与资讯在当时的社会流传得又快又紧密。阅读书籍的人多了,大众对不同知识的渴望程度也提高了，再加上阳明强调人人自觉的重要，可以说，阳明学在明代中叶兴起，是应了当时民众对知识的需求，阳明学后来在民间发展蓬勃，也是这趋势之一。

另一个原因是，王阳明有其个人魅力，而他的良知学"简易直捷"，也深契人心。简单地说，阳明的哲学有呼应民众的需要之处，他鼓励学者抛弃传统的学术语言，说："你们拿一个圣人去与人讲学，人见圣人来，都怕走了，如何讲得行。须做得个愚夫愚妇，方可与人讲学。"与大众说"法"，要把自己做得如愚夫愚妇，并且用愚夫愚妇的语言，阳明懂得这个心理，所以他的良知学在当时大盛。

阳明只活了五十七岁，又大部分时间在忙于公务，真正花在学问上或真正讲学的时间并不算长，所以以著作论，他的著作不多，在这一点上他远不及朱熹。他与陆九渊一样，都不是很强调著作，翻开阳明文集，最重要的是《传习录》。《传习录》是语录与书信的合集，是由他的学生编集而成的。文集则收了他的书信、疏奏，还有一些诗文，书信是延续《传习录》里的书信，疏奏部分除了做研究他生平的参考之外，用处并不多。阳明也有诗留下，有的诗写得还不错。《年谱》也记他曾热衷书法，他的书法确实也算好，但他的成就不在文学、书法方面，所以这部分对我们研究阳明学并不很重要。

但阳明学开启了另一套思考的方式，影响确实很大。阳明学形成了一个很大的学术或社会运动，阳明的学生与后学也有很大的贡献。

黄宗羲的《明儒学案》把阳明学的继承者分了好几派，其中以浙中王门、江右王门与泰州学派最为重要。当然除了这三派之外,还有所谓南中王门、楚中王门、北方王门与粤闽王门等,也是有些成就与贡献的,但整体上,不论实质与名声还是作用,都不如这三派来得大。其后还有很重要的学派与个人,譬如东林学派的人物,还有《蕺山学案》里的刘宗周(学者称蕺山先生),在明代思想史上亦很重要,之后我会谈到,但到东林与刘宗周的时代,他们与阳明已隔了很久了,所以留到最后再谈。

## 四、浙中王门

我现在先谈浙中王门、江右王门与泰州王门的情况。

"浙中王门",顾名思义,便是指阳明在浙江的一群弟子。阳明是浙江人,浙中王门算是他家乡的子弟兵,是跟阳明最亲的一群人。不过我们也须了解,这浙中王门、江右王门等虽在阳明在世时已有规模,流派也确实存在,但还是分得不很清楚,到黄宗羲编定了《明儒学案》,才算完全落实。所以这派别大致是后人分析所用的,"当事人"当时并不很清楚有这种"派别"存在,有时"同乡"也不表示一定是"同志",异乡也不表示不是同志。黄宗羲与他的老师刘宗周都是浙江人,他们很公正,对浙中王门并无偏私之情。

说起"浙中王门",最早须提起的是徐爱。

徐爱(1487—1517),字曰仁,号横山,跟阳明一样是浙江余姚人,更特殊的,他也是阳明的妹婿。阳明在正德二年(1507)谪赴贵州之前,曾回山阴老家一次,当时徐爱就在山阴师从阳明了,可以说他算是阳明最早的弟子,传说极为好学,但徐爱在三十一岁时病死,故有"阳明门下颜渊"之誉。

今本《传习录》卷一前十四条,是徐爱所录,在内容上,可以说是相当重要的部分,可见他虽早死,却对"发明师说"有过很积极的贡献。在前两讲,我们曾引阳明向他解释知行合一之旨的那段文字,举《大学》"如好好色,如恶恶臭"为例,说明"未有知而不行者,知而不行,只是未知"之说,这是阳明学的根基。徐爱向阳明请教朱熹将《大学》"亲民"作"新民"解的言论,也放在《传习录》的首卷。《明儒学案》称徐爱:"阳明之学,先生为得其真。"徐爱在他所记的十四则之前写了《引言》,其中有:

> 先生明睿天授,然和乐坦易,不事边幅。人见其少时豪迈不羁,又尝泛滥于词章,出入二氏之学,骤闻是说,皆目以为立异好奇,漫不省究。不知先生居夷三载,处困养静,精一之功,固已超入圣域,粹然大中至正之归矣。
>
> 爱朝夕炙门下,但见先生之道,即之若易而仰之愈高,见之若粗而探之愈精,就之若近而造之愈益无穷,十余年来竟未能窥其藩篱。世之君子,或与先生仅交一面,或犹未闻其謦欬,或先怀忽易愤激之心,而遽欲于立谈之间,传闻之说,臆断悬度。如之何其可得也!从游之士,闻先生之教,往往得一而遗二,见其牝牡骊黄而弃其所谓千里者。

这段文字很有意思,说阳明之学在当时受到另眼("目以为立异好奇,漫不省究")相待,大家对阳明不是很了解,"臆断悬度"的事时时发生。除了这些状况外，阳明"和乐坦易，不事边幅"，把个性细节也写出来了，原来阳明是个大而化之、不讲究修饰的人，这条记录可以补传统传记之缺。同时这段文字也批评了阳明当时的学生，说："从游之士，闻先生之教，往往得一而遗二，见其牝牡骊黄而弃其所谓千里者。"意思是，一般的学生往往把握不了阳明学的重点，见小不见大，得一而遗其二，大家讨论的是一般马"牝牡骊黄"的优劣，而千里马在一旁却没人能发觉。由这段话可见徐爱深为老师不平，也可见徐爱本人也是个自视很高的人。

可惜徐爱死得太早了，他留下的著作不多，要详细研究他，便有困难了。

"浙中王门"另有两位要介绍，一位是钱德洪，一位是王畿，他们比徐爱有名，因为他们比徐爱活得久，对阳明学的贡献也很大。

首先谈谈钱德洪。

钱德洪，本名宽，字德洪，后以字行，又字洪甫，号绪山。他也跟阳明一样是浙江余姚人。他的著作本来就不多，而后人帮他编的《绪山会语》、弟子徐用检帮他编的《绪山先生续训》等书，到清初就佚失了大半，说起来十分可惜。他是阳明几个最亲密又最受重视的大弟子之一，又跟阳明同里，一生对老师忠心耿耿，在师门有领导之功。资料不全，不只影响到后世对他的了解，也影响到阳明学的整体研究。

不论阳明生前或死后，帮阳明编文集，钱德洪出的力最大，贡献也最多。《阳明先生年谱》的主编者也是钱德洪，大约他一生尽瘁于阳明学术的整理与编辑，却忘了自己。他在《阳明先生年谱序》中说：

> 师既没，吾党学未得止，各执所闻以立教。仪范隔而真意薄，微言隐而口说腾。且喜为新奇诡秘之说，凌猎超顿之见，而不知日远于伦物。甚者认知见为本体，乐疏简为超脱，隐几智于权宜，蔑礼教于任性。未及一传而淆言乱众，甚为吾党忧。迩年以来，亟图合并，以宣明师训，渐有合异统同之端，谓非良知昭晰，师言之尚足征乎？谱之作，所以征师言耳。始谋于薛尚谦（侃），顾三纪未就。同志日且凋落，邹子谦之（守益）遗书督之。洪亦大惧湮没，假馆于史恭甫嘉义书院，越五月，草半就。趋谦之，而中途闻讣矣。偕抚君胡汝茂往哭之。返见罗达夫（洪先）闭关方严，及读谱，则喟然叹曰："先生之学，得之患难幽独中，盖三变以至于道。今之谈'良知'者，何易易也！"遂相与刊正。越明年正月，成于怀玉书院，以复达夫。

这段序文交代了《年谱》的编写经过。初稿写成于邹守益死的那年（嘉靖四十一年，1562 年），到第二年（1563 年）才正式完成，正式付梓则更晚，大约距阳明死（1529 年）已三十余年了。序文中写出阳明死后弟子之间也纷争不断，各持己见，莫衷一是，《年谱》之作，是要以阳明具体行事以"证"何说为是，可见钱德洪个性谦退，却是个有见识的人。

《明儒学案》对浙中王畿、钱德洪有如下评论：

> 先生（钱德洪）与龙溪亲炙阳明最久，习闻其过重之

言。龙溪谓："寂者心之本体，寂以照为用，守其空知而遗照，是乖其用也。"先生谓："未发竟从何处觅？离已发而求未发，必不可得。"是两先生之"良知"，俱以见在知觉而言，于圣贤凝聚处，尽与扫除，在师门之旨，不能无毫厘之差。龙溪从见在悟其变动不居之体，先生只于事物上实心磨炼，故先生之彻悟不如龙溪，龙溪之修持不如先生。乃龙溪竟入于禅，而先生不失儒者之矩矱，何也？龙溪悬崖撒手，非师门宗旨所可系缚，先生则把缆放船，虽无大得，亦无大失耳。

黄宗羲认为，王、钱两人亲炙阳明最久，对阳明良知的体悟却深浅有别，王畿似较深，但后落于禅，不如钱德洪虽较浅，就算"放船"而"缆"未解，终不失儒者矩矱，而钱的强调力行实践，也算是把握了阳明学中的要义。

接着谈王畿。

王畿（1498—1583），字汝中，号龙溪，浙江山阴人。他与钱德洪都是阳明平宸濠乱后才收的学生，才学出众，成了阳明学生的领袖人物。阳明居越时，来往问学的人很多，往往先请他们两人疏通其大旨，然后卒业于阳明，当时称他们两人为"教授师"。后来阳明征思、田，两人承命留守越中书院，依然讲学不辍。

讲起两人，还有事须一提。王畿、钱德洪都出身于读书世家，也都是浙江乡试的举人。嘉靖五年（1526），他俩在阳明的敦促之下到北京参加春闱考试，原本不愿去的，阳明说："吾非以一第为子荣也，顾吾之学，疑信者半，子之京师，可以发明耳。"也就是说,我不在意你们进士考上与否,但此时我的学问,天下疑信参半,京师更是颇不平静,你们去北京考试,正好找机会发明我的学说。看得出,阳明用张扬己学为借口,劝他们将科举过程走完。老师既说出口,两人不好拒绝,便顺理成章地到北京参加了考试,而且顺利通过第一关"贡士"的考试,接下来再参加由皇帝亲临的殿试,就可顺利得到进士的名衔。依例,殿试只是形式,考上贡士,很少有人不中进士的。在殿试将考的时候,他们两人都归心似箭,王畿跟钱德洪说:"此岂吾与子仕之时也?"意思是,这时候是我们做官的时候吗?两人随即决定束装回乡,这是因为他们想到中了进士之后就会立刻授官,要辞官就须费一些功夫,两人既对官场毫无兴趣,而故乡的教学事业正在蓬勃发展的高峰,值得献身,故不如及早离去。

两人下定决心,不考了,回乡后,便在山阴的阳明书院忙碌。两年后,阳明接到朝廷委派到广西平乱,他们两人没跟着去,一年后阳明死于归途。阳明离浙时,正逢会试年,两人因念未完成老师愿望为愧,趁机前往北京,打算将考试之途走完。阳明死时两人已在北京准备参加殿试了,闻讯后南下奔丧,又没来得及参加考试,直到再三年之后,也就是嘉靖十一年(1532),他们服阳明心丧毕,才又去参加殿试,得以把进士的行程"跑"完了。科名既得,就有官做,两人虽经过了授官任职的手续,但都无意做官,不久就推掉了。《明儒学案》写王畿"林下四十余年,无日不讲学",说钱德洪"在野三十年,无日不讲学",可见两人都不求仕途闻达,一心以讲学为业,讲学的宗旨,当然是阳明的良知学了。

王畿、钱德洪都是阳明的高弟,对阳明良知学的解释,按理该有很大的"一致性",但事实却不然。阳明在出征思、田前一晚,还与这两位弟子讨论良知学中的所谓"四句教"的问题,这就是有名的"天泉桥证道",这问题在前面已讨论过了,现在不赘。

《明儒学案》写二人对阳明学之旨的认知"不能无毫厘之差",也就是说是有差异的。一个比较讲虚的部分,一个比较讲实的部分。讲虚的部分,容易将阳明学讲得跟禅学一样;讲实的部分,则容易拘泥在小处,碰到大处往往又张扬不开。这是彼此的优点与困窘之处。

王畿确实比较喜欢引禅入儒,对儒、道、释"三教"一向采取一种比较浑融的态度。研究"三教合一"之说,王畿是个不可或缺的人物。阳明学自然不是禅学,阳明自己就明确说过,但无法避免其中有些地方与禅学的说法接近,其实宋明理学中,只要有"顿悟"色彩的,往往都与禅学脱不开关联。

在"浙中王门"中,除早期的徐爱、钱德洪之外,其他的重要弟子都或多或少地有些禅学的气息,包括季本、黄绾、董沄、陆澄、万表、张元忭等人。说起来也有点奇怪,阳明学不是禅学,但在这群弟子看来,正统儒学与禅学不妨在某些地方做些声息相通,一味死守矩矱,反而限制了学术的发展。看起来,这也是一派学术有所演化很自然的现象。在遗传学上,过于纯粹的血统等于让全族灭亡,黄宗羲看出了这一点,他在《明儒学案·郎中王龙溪先生畿》中说:"然先生亲承阳明末命,其微言往往而在。象山(陆九渊)之后不能无慈湖(杨简),文成(王阳明)之后不能无龙溪(王畿),以为学术之盛衰因之。慈湖决象山之澜，而先生疏河导源，于文成之学，固多所发明也。"黄宗羲以陆九渊后的杨简比阳明后的王畿，有指责也有看重，王学因之而盛，也因之而衰，黄宗羲说王学的"盛衰因之"，可说是道出了事实。

# 第八讲

# 一、江右王门与"戒慎恐惧"

"江右王门",大致指的是阳明在江西的弟子。古代称长江下游也就是今天江苏南部与浙江北部地区为"江左",称今江西省附近地区为"江右"。阳明一生与江西的渊源很深,他十七岁到南昌迎娶新妇诸氏,在南昌住了一年才回浙,结交了不少当地的友人。他居夷处困三年后遇赦回,时年三十八岁,第一个被任命的地方官职是庐陵县知县,庐陵位于江西中部,是欧阳修的故乡。但任县令不到一年,便进京入觐,随即升南京刑部四川清吏司主事,任职南京。不久又调职北京,四十二岁之前,在各处调动。四十二岁时,竟莫名其妙地被派到滁州任一个管马政的官职,地僻官闲,使他可成天与友人门生相聚邀游。《年谱》说他在当地"诸生随地请正,踊跃歌舞,旧学之士皆日来臻,于是从游之众自滁始"。

滁州在安徽,跟南京很近,与江西有大江相通,也不甚远。阳明自滁州之后,学生就多了,后来他平南、赣之乱,虽乱及四省,主要地方还是在赣南。后又平宸濠之乱,都在江西一境,晚年过江西至广西,平思、田之乱后,回程竟死于江西南安,阳明虽浙人,但一生与江西的关系独深。他在江西一地的学生也最多,这些学生对后来阳明学的开展影响极大。《明儒学案》中,对"江右王门"的推崇,胜过"浙中王门"甚多。当然黄宗羲的评论多受他老师刘宗周的影响,有趣的是,不论黄宗羲还是刘宗周都是浙江人,却不回护自己的家乡,他们在论学上都十分公正,并不偏私。

《明儒学案·江右王门学案》评论说:

> 姚江之学,惟江右为得其传。东廓(邹守益)、念庵(罗洪先)、两峰(刘文敏)、双江(聂豹)其选也。再传而为塘南、思默,皆能推原阳明未尽之旨。是时越中流弊错出,挟师说以杜学者之口,而江右独能破之,阳明之道赖以不坠。盖阳明一生精神,俱在江右,亦其感应之理宜也。

这个论断,可说是把江右推崇到极致了,当然部分正确,也有不甚正确的地方。这个问题以后再作辨正。

"江右王门"的领导人物,首推邹守益。

邹守益(1491—1562),字谦之,号东廓,学者称东廓先生,江西安福人。正德六年(1511)进士,会试第一名,殿试第三名,中了探花,授翰林院编修。明清两朝,殿试前三甲,状元授翰林院撰修,榜眼、探花都授翰林院编修,为六品正、从,高于主事、县令的七品,初授之时也是万人瞩目的。

邹守益在官场的表现其实很一般,一生三次因上疏得罪朝廷而遭贬,官最高做到南京国子监祭酒,这是一个重清望的职位。他最初见阳明于南、赣,原意是求表父墓,无意拜师求学,而与阳明谈话后,心中有关宋儒格物穷理之疑窦大解,眼界大开,遂及门称弟子。

邹守益与阳明相处契合,很受阳明的赏识和肯定。《传习录》有记：

> 癸未（嘉靖二年，1523 年）春，邹谦之来越问学，居数
> 日，先生送别于浮峰。是夕，与希渊诸友移舟宿延寿寺，
> 秉烛夜坐。先生慨怅不已，曰："江涛烟柳，故人倏在百里
> 外矣！"一友问曰："先生何念谦之之深也？"先生曰："曾子
> 所谓'以能问于不能，以多问于寡，有若无，实若虚，犯而
> 不较'，若谦之者，良近之矣！"

"以能问于不能"，来自《论语·宪问》，是曾子形容颜渊的话，阳明以孔门颜渊比拟邹守益，可见对他的看重。

邹守益的良知学，依黄宗羲的说法是得力于"敬"。"敬"就是谨慎小心，黄宗羲有一说，曰："敬也者，良知之精明而不杂以尘俗者也。"将"敬"与"净"合起来讲，认为他讲良知讲得干净纯粹。

邹守益做学问的特色是，他将《大学》《中庸》合在一起来讲。本来阳明也这样讲过，《传习录》记阳明曾说："《大学》之所谓诚意，即《中庸》之所谓诚身也。《大学》之所谓格物致知，即《中庸》之所谓明善也。博学、审问、慎思、明辨、笃行，皆所以明善而为诚身之功也，非明善之外别有所谓诚身之功也。格物致知之外，又岂别有所谓诚意之功乎？"邹守益与阳明不同的是，他特别标举了《中庸》中的"戒慎恐惧"四个字，认为是良知省察的关键。

《中庸》说："道也者，不可须臾离也；可离，非道也。"汉代的郑玄与宋代的朱熹对这段文字的解释是相同的，均是指

"道"无时无所不在，故君子必须随时戒慎，常存敬畏，未得道时，不丧失得道的机会，已得道时，维持此道而不至失坠。这里所谓的"道"，依《中庸》所指，即是"天命之谓性，率性之谓道"的"道"，是君子行为的最高标准。"戒慎恐惧"与否，是君子、小人在处理道德行为时的不同方式。"道"既不可须臾离，君子在面对"道"的时候，并不因为是否有人看见、听到而改变态度。换言之，君子处在无人睹、无人闻的环境，依然十分谨慎小心以避免犯错。所以《中庸》继续说："莫见乎隐，莫显乎微，故君子慎其独也。"

邹守益曾说：

> 迁善改过，即致良知之条目也。果能戒慎恐惧，常精常明，不为物欲所障蔽，则即此是善，更何所迁？即此非过，更何所改？

又说：

> 圣门要旨，只在修己以敬。敬也者，良知之精明而不杂以尘俗也。戒慎恐惧，常精常明，则出门如宾，承事如祭，故道千乘之国，直以敬事为纲领。

这些话的源头其实来自阳明，因为据耿定向（1524—1596）《东廓邹先生传》中记，邹守益早年尝以《大学》《中庸》之旨就教于阳明，阳明即谓："独即所谓良知也，慎独者所以致其良知也，戒谨恐惧所以慎其独也。"这段话说明邹守益"戒慎恐

惧所以致良知"是来自阳明,故《明儒学案》以为邹氏"不背师
说"是有根据的。与前面证明《大学》《中庸》之旨合一是一样
的,因为《大学》也讲慎独,如:"所谓诚其意者,毋自欺也,如恶
恶臭,如好好色,此之谓自谦,故君子必慎其独也。"邹守益的
说法"戒慎恐惧,常精常明",是极为正面的,其他学者在使用
"戒慎恐惧"这一词的时候,大多将之放在消极防范的意义上,
但阳明却将"戒慎恐惧"与《大学》的"致知格物"等量齐观。阳
明曾说:

> 必欲此心纯乎天理,而无一毫人欲之私,此作圣之功
> 也。必欲此心纯乎天理,而无一毫人欲之私,非防于未萌
> 之先,而克于方萌之际不能也。防于未萌之先,而克于方
> 萌之际,此正《中庸》"戒慎恐惧"、《大学》"致知格物"之
> 功,舍此之外,无别功矣。(《传习录》)

这证明邹守益是遵循阳明师教、谨言慎行的一个人。从
邹守益这方面讲,阳明学是统一的,没有分歧的,如黄宗羲说
的:"离却戒慎恐惧,无从觅性;离却性,亦无从觅日用伦物
也。"(《明儒学案》卷十六《文庄邹东廓先生守益》)这么说来,
"戒慎恐惧"确实重要,但如果只从这方面诠释阳明,像是手脚
被绑着,总觉得有些放不开,阳明学的"全体"真相是不是仅在
于"戒慎恐惧"呢? 这是个值得讨论的问题。

也许应该这样说吧,阳明学在讨论心性极幽微部分的时
候,其中谨严处,确是可用"戒慎恐惧"的态度来面对的,但"戒
慎恐惧"是态度而不是目的,因为"戒慎恐惧"是修饰一个人面

对"诚意"时的一种状态，本身是副词或动词，不是主词，地位与"良知"不同。假如照黄宗羲所说"夫子之后，源远而流分，阳明之没，不失其传者，不得不以先生（邹守益）为宗子矣"，这个判断显然将邹守益看得过重，又把阳明学看得消极了。因为阳明学虽然有邹守益所看到的幽微严谨的部分，也有邹守益看不见的超越与开展的部分，解释阳明学，不应只囿于此一端。

《明儒学案》把"江右王门"尤其是其中的邹守益看得那么重，在《江右王门序》中说："盖阳明一生精神，俱在江右。"这评语太过激烈，也未免失于偏颇。当然这评语其实是从他老师刘宗周那儿来的，黄宗羲在书中的很多判断都是承袭刘宗周而来的。刘宗周曾引东林高攀龙以为同志，东林当时是以批评"王学末流"出名的，刘宗周的蕺山之学也十分不满当时的王学流派中"束书不观，游谈无根"，又处处引佛入儒的现象，便自创"慎独"之学，以与其他学者相颉颃。"慎独"其实是从《中庸》与《大学》来的。我们读到以上这一段，就可知道刘宗周师徒一派为何推崇邹守益了，因为邹守益所主张的"戒慎恐惧"，依《中庸》所说，就是"慎独"。

"戒慎恐惧"或"慎独"，都是一个人独处时的心灵活动，一般人讲这类题目时都容易走偏锋，往往朝虚无的方向走去，如舍动而取静，偏"寂"又重"无"，往往与"二氏"之学为近了。但邹守益、刘宗周反对的就是"二氏"之学。他们的"戒慎恐惧"或"慎独"，是儒家的存养方式，一点都不虚无，他们所说的良知或心体都确确实实存在着的，他们决不讲"无善无恶心之体"之类的话，可见仍是坚守儒学壁垒的。

## 二、"正学""归寂"与"静中恍见端倪"

"江右王门"除了邹守益之外,次推欧阳德。

欧阳德(1496—1554),字崇一,号南野,江西泰和人。欧阳德是阳明弟子中仕途发展得比较顺遂的人。他是嘉靖癸未的进士,最高做到礼部尚书兼翰林院学士,卒年五十九,谥文庄。欧阳德二十一岁通过了江西乡试,却不立即赴京会试,而是径往赣南的阳明处讨教。当时阳明学以脱离朱子学之正宗而遭非议,而欧阳德却视阳明学为"正学",所以入门之初,即受到阳明赏识。聂豹曾说:"先师语来学,必曰先与崇一论之。"可见他在"江右王门"中有若浙中钱德洪与王畿的地位,算是阳明死后王门领军式的人物。再加上欧阳德居官三十载,在官场声誉甚隆,阳明学在受到"官方"排挤时,他可发挥维护与澄清的作用,对后来阳明学的发展是起到正面的推动作用的。

欧阳德讲良知学,很注意良知学的纯粹性,良知学是在整体的儒学思维下产生的,与其他无关。当时有许多学者,会把良知学当成佛学来讲,同时期的譬如王畿、聂豹,还有与江右关系紧密的罗钦顺等人,他们讲王门良知多少会引禅入儒,有些更以融会儒释自居。但欧阳德与邹守益坚决划清界限。欧阳德跟罗钦顺的争辩很有名,罗钦顺以佛教的"知觉"为性,"而吾心之良知"也是以"知觉"为性,欧阳德辩之曰:

> 知觉与良知，名同而实异。凡知视、知听、知言、知动皆知觉也，而未必其皆善。良知者，知恻隐、知羞恶、知恭敬、知是非，所谓本然之善也。本然之善，以知为体，不能离知而别有体。盖天性之真，明觉自然，随感而动，自有条理，是以谓之良知，亦谓之天理。天理者，良知之条理；良知者，天理之灵明，知觉不足以言之也。

他以"良知"与"知觉"有别来说明儒释之不同，说得很清楚。欧阳德与阳明其他弟子一样，把一生主要精力投注在讲学活动中。他因久居官位，无法悠游林泉，但任官时，也不忘提携弟子，官余则讲学不辍。《年谱》嘉靖十一年（1532）记："自师没，桂萼在朝，学禁方严。薛侃等既遭罪谴，京师讳言学。至是年，编修欧阳德、程文德、杨名在翰林，侍郎黄宗明在兵部，戚贤、魏良弼、沈谧等在科，与大学士方献夫俱主会。"十二年，续与友人季本等人讲学南京，其中最大规模的讲学活动是在北京的灵济宫。据《明史·欧阳德传》所记："当是时，德与徐阶、聂豹、程文德并以宿学都显位，于是集四方名士于灵济宫，与论良知之学。赴者五千人，都城讲学之会，于斯为盛。"可见一时盛况。最为难能可贵的是，这个盛况的发生地是北京。《明儒学案·文庄欧阳南野先生德》说："先生（欧阳德）以讲学为事。当是时，士咸知诵'致良知'之说，而称南野门人者半天下。"他能发挥这么大力量，一方面是他积极奋发，另一方面也与他的政治地位有关。《明儒学案》称他"立朝大节，在国本尤伟"，他是一个在政治地位与人格上都十分高贵的人。

讲起"江右王门",还须谈一个人物——聂豹。聂豹（1487—1563），字文蔚，号双江，江西永丰人。正德十二年（1517）进士。初任华亭知县，后任苏州知府，皆有政声。他又做过几个有边防责任的官职，在抵御塞北的强虏、平息东南的倭寇上都建过功勋，所以累官至兵部尚书，以文官而屡建军功，这在历史上的确不多见。这一点，与阳明倒很相似。聂豹为人刚直，常得罪当道，后因政策与辅臣严嵩不合，降俸致仕，卒赠少保，谥贞襄。

聂豹于阳明生前见过阳明一次，大悦其学，认为其学高识深，而周围弟子不见得都能了解，曾说："君子所为，众人固不识也。"阳明是个有教无类的人，不太会拒绝别人，所以门下颇杂。聂豹曾写信给阳明，认为阳明"接人太滥"，可见聂豹为人严整又正直。阳明答曰："吾之讲学，非以蕲人之信己也，行吾不得已之心耳。若畏人之不信，必择人而与之，是自丧其心也。"（《明儒学案·贞襄聂双江先生豹》）这话令他既惊觉又感动，但始终没有拜阳明为师，一方面之前意愿不强，另一方面也苦无机会。后来阳明征思、田，回程病殁旅途，当时聂豹正在苏州任官，说："昔之未称门生者，冀再见耳，今不可得矣。"遂请钱德洪为证，设位北面再拜，始称门生。这样的师生关系，也不得不称奇了。

聂豹在学问上的建树，不像他建有军功般显赫。他提倡"归寂"说，所谓"归寂"是指归向虚寂的境界，这样的感悟，是他在一次牢狱之灾中体悟出来的。他认为心体本虚，良知本寂，只有在虚寂的状况下，心体与良知才是宛然具足、不思而能的，因此，做学问的功夫应抛弃成见，于宁静中发现"未发之中"，那才是我们的心体与良知所在之处。所谓"未发之中"，是指还没发展成具体思考或行为的那个核心。他形容说："此心真体，光明莹彻，万物皆备。"又说："此未发之中也，守是不失，天下之理皆从此出矣。"他出狱后就积极推行这个看法，要人从静处看出事物的端倪，与学者"立静坐法，使之归寂以通感，执体以应用"。（《明儒学案》卷十七《贞襄聂双江先生豹》）

聂豹讲的良知学，要透过静坐、归寂等手段，强调即知即行。他透过静坐、归寂所得的良知，与阳明所说的大致相同，但究竟还是有些不同的，首先是又回到宋儒的老路上去了。北宋的周敦颐、杨时（号龟山，1053—1135）都提倡过静坐，甚至连朱熹也主张过，宋儒有很多人主张以静坐摄心，聂豹也主张静坐，岂不是把阳明学也归到宋学一派的老路上去了吗？其次，聂豹静坐、归寂也许发自儒者的真心，与佛教无关，但光是从名词上看，就无可避免地让人想起与佛教的关系，所以一经提出，便受到很多同道的侧目，进而诘难迭起，就连一向主张混同儒、释的王畿最后也与他针锋相对起来。当然，王畿与他争论的是有关"致知"的问题，并不是静坐或归寂的问题。

其实聂豹的"归寂说"真的与佛教无关，而是他亲陷牢狱之后的感悟。他说："归寂以通天下之感，不似释氏以感应为尘烦，一切断除而寂灭之。"他的"归寂"是更高的道德实践。聂豹对自己的想法很坚持，从他与很多同道之间的争辩，可以看见王学的精彩处，也往往显示出王学的问题来。就如阳明学究竟是主动的还是主静的？只注意一边，强调一边，往往有失衡之虞。《明儒学案·贞襄聂双江先生豹》论聂豹有言："阳明自江右以后，始揭良知。其在南中，以默坐澄心为学的，收敛为主，发散是不得已。有未发之中，始能有中节之和，其后学者有喜静厌动之弊，故以致良知救之。"黄宗羲认为聂豹说的良知是"未发之中"，其实是来自师门，并未背离师说。

黄宗羲有意调和欧阳德与聂豹有关良知的见解，一个坚守儒者的矩矱，一个朝寂静发展，认为"归寂以通感，执体以应用"，而在宗旨上，并未背离师门。《明儒学案·文庄欧阳南野先生德》中说："双江（聂豹）与先生（欧阳德）议论，虽未归一，双江之归寂，何尝枯槁，先生之格物，不堕支离，发明阳明宗旨，始无遗憾，两不相妨也。"

再谈谈"江右王门"的大儒罗洪先。他其实一生从未见过阳明，却"私淑"阳明，后来对阳明学有很大的贡献。《明儒学案》引邓定宇之语说："阳明必为圣学无疑，然及门之士，概多矛盾，其私淑而有得者，莫如念庵（罗洪先）。"

罗洪先（1504—1564），字达夫，号念庵，江西吉水人。他是嘉靖八年（1529）的状元。中状元时他岳父曾直闻报喜曰："幸吾婿建此大事。"他却说："丈夫事业更有许大在，此等三年递一人，奚足为大事也。"他与阳明当年很像，是不重科举浮名之士。他虽状元出身，但一生官运不太好，在仕进上表现得并不是特别杰出，倒是在继承王学上有很多独到的发挥。他曾习佛教的《楞严经》，一度有得，得返闻之旨，觉此身在太虚，视听若寄世外，见者惊其神采，这时他却自省曰："误入禅定矣。"遂废。后来研习王学，但当年禅定还是留下了影响，他说过：

"圣学者亦须静中恍见端倪始得。"他跟聂豹一样,也是主静的一派,治学、为人都十分谨严。

罗洪先一生未见过阳明,阳明死后,他在钱德洪、王畿的见证下加入王门,始称弟子。他协助钱德洪等人校定《阳明先生年谱》,对发皇阳明学有功。《明儒学案·文恭罗念庵先生洪先》记:

> 先生既定阳明《年谱》,钱绪山(德洪)曰:"子于师门不称门生,而称后学者,以师存日未得及门委贽也。子谓古今门人之称,其义止于及门委贽乎?子年十四时,欲见师于赣,父母不听,则及门者其素志也。今学其学者,三纪于兹矣,非徒得其门,所谓升堂入室者,子且无歉焉,于门人乎何有?"《谱》中改称门人,绪山、龙溪证之也。

黄宗羲很感佩这位阳明生前未列门墙的"学生",认为他比平常的学生对王学贡献要多,说:"先生于阳明之学,始而慕之,已见其门下承领本体太易,亦遂疑之。及至功夫纯熟,而阳明进学次第,洞然无间。天下学者,亦遂因先生之言,而后得阳明之真。其晓晓以师说鼓动天下者,反不与焉。"可见对他十分推重。

"江右王门"有个特色,就是比较注意良知学的"内在"部分,对良知初立的景象特别在意。在哲学上,对本体的重视往往超过功夫;在动与静上,都有主静的倾向。他们推重本体,却不喜说"无善无恶心之体"之类的话;虽都有一点主静的倾向,但并不虚无,整体而言,仍守儒者的法度矩矱。还有一点,他们都严以律己,所主张的良知学是一套比较内敛而又严谨的哲学。这是为什么当后来的部分王学被讥成"猖狂"之后,许多学者认为是他们维系了阳明学的真精神,如《明儒学案》所说的"阳明之道,赖以不坠"。

但如只从江右的路数去了解阳明,也必然受到局限,因为阳明学那种开放、拓展的积极面,在他们身上不太见得到,这也是江右之学的困顿之处。

### 三、泰州学派的"万物一体"

王学里面一个很特别的"门派",那就是《明儒学案》里列入《泰州学案》的人物,一般人把他们称作"泰州学派"。

黄宗羲把阳明死后的一些门派都称作"某处王门学案",譬如"浙中王门学案""江右王门学案""南中王门学案""北方王门学案"等,只有泰州是比较特殊的,直接称"泰州学案",没有在地名后加上"王门"字样。浙中、江右都是地名,学案中的王门弟子,大多是该地区的人所以称"某地王门"是可行的。泰州也是地名,在今江苏扬州附近,比起江右、浙中要小多了,此派中的王艮父子及不很重要的王栋(号一庵)是泰州人,其余没一个人是泰州人,之所以以此称之,是声气结合的缘故。其次,此派中人大多没拜过阳明为师,甚至一生没见过阳明(多因其生也晚),说他们是王门也有些牵强,所以就不称他们为"王门"了。

　　泰州学派很有特色,当时常受轻忽,但现在看来十分重要。

　　说起特色,要知道不论是"江右王门"或"浙中王门",代表人物几乎都是有头有脸的大人物。他们多是科举出身,十之八九有进士的名衔,有的甚至做过很高的官,稍次也是国家中级以上的官员,说起来,都是有身份的人。阳明本身也出生于知识分子家庭。阳明门下弟子,说他们是国家的栋梁、社会的中坚是毫无疑问的。而泰州学派的这一群人,大多没有这么好的出身,很少有较高的学历,甚至没有学历。因为没有学历,自然也就没官可做,与前面的那群显赫的官员或知识分子比较,泰州学派的人物普遍出身于较低下的阶层,身上带有草莽气息,也就显得十分特殊了。

　　他们因没有太深厚的文化素养,进不到社会的高层,当然也比较不受既有礼教的束缚,对他们言,这也是好处,因为他们没有了文化或知识的负累,"走起来"、"跑起来"就可以更猛、更快。这些人对阳明的良知学感兴趣,虽然一知半解,但行动快速,二话不说就把良知"致"了起来,并且又照"知行合一"那一套"行"了起来。至于"致"得是否正确,"行"得是否妥当,他们都不管,对他们言也都不是问题,光是这"生猛"的力道,在其他知识分子身上是看不到的,这是他们的特色。

　　要说他们很重要,是因为谁也没料到,他们把一套本属学术领域的东西,拿到社会上"使用"起来了,这不论从思想史或社会史的角度来看,都是不可思议的事。阳明本人就说过:"与愚夫愚妇同的,是谓同德;与愚夫愚妇异的,是谓异端。"

（《传习录》）可见阳明本意是想把他的良知学推向社会的。这社会不是传统知识分子的社会，而是众人的社会，这众人可能更倾向于现代人所说的普罗大众，这可由阳明于平定乱事之后在各处推行"乡约"与"社学"看出来，真正能把握阳明这一精神的是泰州学派的人。

说起泰州人物，第一个当然是王艮。王艮（1483—1541），字汝止，号心斋，泰州安丰场人。少时家贫，在家乡与父亲靠做盐丁为生（泰州产盐，当时称烧灶煮盐者为盐丁，也称灶丁）。他没有正式读过书，仅靠自学粗通章句。有一次听家乡一个塾师说王阳明在江西讲学，王艮请他说多一点，后来竟发现阳明的主张与自己平日所想有"暗合"之处，便谋划去会见阳明以求印证。《明儒学案》卷三十二《处士王心斋先生艮》记这段事很传神：

时阳明巡抚江西，讲良知之学，大江之南，学者翕然信从。顾先生（心斋）僻处，未之闻也。有黄文刚者，吉安人，而寓泰州，闻先生论，诧曰："此绝类王巡抚之谈学也。"先生喜曰："有是哉！虽然，王公论良知，艮谈格物，如其同也，是天以王公与天下后世也；如其异也，是天以艮与王公也。"即日启行，以古服进见。至中门举笏而立，阳明出迎于门外。始入，先生据上坐。辩难久之，稍心折，移其坐于侧，论毕，乃叹曰："简易直截，艮不及也。"下拜自称弟子。退而绎所闻，间有不合，悔曰："吾轻易矣。"明日入见，且告之悔。阳明曰："善哉，子之不轻信从也。"先生复上坐，辩难久之，始大服，遂为弟子如初。阳明谓

> 门人曰:"向者吾擒宸濠,一无所动,今却为斯人动矣。"

王艮直来直往,不轻信又不轻从,敢是敢非,这种草莽、执着的性格,没有任何乡愿的习气,是阳明欣赏的;而阳明之学,在平易之中愈见高深,也是王艮所感动的,所以就结为师徒了。

王艮得到阳明的接纳并被肯定,有点像六祖慧能在禅宗里的象征作用,儒学走入社会、走入群众,好像从此开始了。《年谱》有记,说当时王艮还不叫王艮,而是叫王银。王银跟阳明辩难了一整天,最后心悦诚服地说:"吾人之学,饰情抗节,矫诸外;先生之学,精深极微,得之心者也。"便拜阳明为师。当拜完师之后,阳明又做了另一件事,"易其名为'艮',字以'汝止'"。

艮是八卦中的一卦,与震卦相对,其象为止。《序卦》曰:"震者,动也。物不可以终动,止之,故受之以艮,艮者止也。"止,是停下来的意思,阳明为他改名,一是要他改掉凡事冲动的毛病,要他凡事都要停下来先想一想;其次是通过改名,试图将王艮心所向往的成就由世俗层面提升到文化层面。

王艮的学问很简单,他在见阳明之前,已有"淮南格物说"了,发明了他对《大学》"格物"的看法。《明儒学案》卷三十二《处士王心斋先生艮》述其大旨曰:

> 先生以"格物,即物有本末之物。身与天下国家一物也,格知身之为本,而家国天下之为末。行有不得者,皆反求诸己,反己是格物底工夫,故欲齐、治、平,在于安身。

《易》曰：'身安而天下国家可保也。'身未安，本不立也。知
身安者，则必爱身、敬身。爱身、敬身者，必不敢不爱人不敬
人。能爱人敬人，则人必爱我敬我，而我身安矣。一家爱我
敬我则家齐，一国爱我敬我则国治，天下爱我敬我则天下
平。故人不爱我，非特人之不仁，己之不仁可知矣。人不敬
我，非特人之不敬，己之不敬可知矣。"此所谓淮南格物也。

王艮的"格物说"，有两个特点。其一，将自程、朱以来格
物指向外追求客观知识做了逆转，而指向个人，指向内心，所
谓"行有不得者，皆反求诸己"，即是指此而言。其二，《大学》
八目各有重点，而其终极目标是"治国、平天下"，但王艮却认
为"身未安，本不立也。知身安者，则必爱身、敬身。爱身、敬
身者，必不敢不爱人不敬人"；"能爱人敬人，则人必爱我敬我，
而我身安矣。一家爱我敬我则家齐，一国爱我敬我则国治，天
下爱我敬我则天下平。"而人之不爱我不敬我，完全是因自己
不堪被爱被敬的缘故。所以，他解《大学》八目，除了认定它的
一贯性之外，还将它的重点放在齐、治、平之前的安身上面，而
又说"反己是格物的工夫"，黄宗羲说他的格物说是"格知诚意
之为本，而正修治平之为末"，而安身即指安心而言。

这个说法，大致而言是与阳明相合的。阳明将格物释作
力行，将致知释作致良知。良知既致，则意诚心正，此后身修、
国治、天下平便不难了。有人问"格"之义，王艮曰：

格如格式之格，即絜矩之谓。吾身是个矩，天下国家
是个方，絜矩则知方之不正，由矩之不正也。是以只去正

矩,却不在方上求,矩正则方正矣,方正则成格矣,故曰物
格。吾身对上下前后左右是物,絜矩是格也。其本乱而
末治者否矣,便见絜度格字之义。格物,知本也。立本,
安身也。安身以安家而家齐,安身以安国而国治,安身以
安天下而天下平也。(《明儒学案》卷三十二《处士王心斋
先生艮》)

他以"絜矩之道",解释《大学》格物,阳明亦有过类似的说法:

问格物。先生曰:"格者,正也。正其不正,以归于正
也。"(《传习录》)

对王艮而言,格物即是"知本","知本"即指一切大事业如
治国、平天下事,必须从己身细微处做起,即知即行,知行合
一,与阳明"良知说"最为相近,故刘宗周极力称道,以为:"后
儒格物之说,当以淮南为正。"王艮的"格物说"还有另一个特
点,即事无所大小,治国、平天下不见得比修身更为重要。因
为在他看来,所谓大小事,其实只是一件事。他曾说过:"身与
天下、国、家一物也。"又说:"隐居以求志,求万物一体之志
也。""万物一体"是王艮最原始又最根本的观念,这点与阳明
的主张亦无太大不同,阳明也曾说过类似的话。王艮的"万物
一体",强调的是"一体"的观念。所谓"万物一体",是指格致
乃至平天下只是一件事。换个角度而言,"我"是"天下"的一
小部分,但欲平天下必自修身做起,所以在"我"并不小,甚至
可以说"我"即"天下"。这是解释"万物一体"的另一种方式。

阳明的说法与此略有差别。阳明说"仁者以天地万物为一体，使有一物失所，便是吾仁有未尽处"，强调的是"小我"在"大我"中的重要性。虽然与王艮的说法有异，但趋势是相同的，都强调在治国、平天下的"大宇宙"中，"小宇宙"是不可或缺的，而且这个"小宇宙"，在王艮看来，是可以与"大宇宙"相等的。"我即天下"，于王艮而言是可以成立的。

王艮虽没正式读过书，但对知识的感受力很深，对于阳明的说法往往有很独特的体会，有时发人所未发，也值得反省。他强调快乐学习的重要，撰有《乐学歌》：

> 人心本自乐，自将私欲缚。私欲一萌时，良知还自觉。一觉便消除，人心依旧乐。乐是乐此学，学是学此乐。不乐不是学，不学不是乐。乐便然后学，学便然后乐。乐是学，学是乐。呜呼，天下之乐，何如此学？天下之学，何如此乐？

可见他学习的宗旨与态度，下手简易，操持有恒，积极奋发，快乐进取。

阳明居越时，王艮也偶尔从家乡前来，与王畿、钱德洪等人熟稔，有时也在阳明座下，担任教授师（助教）的职务，但时间都不长。对王艮而言，阳明给他的启发很大，确实是他的恩师；而对阳明来说，这位来自不同领域又"意气太高""行事太奇"的学生，给自己的启发与反省也很多。但两人之间，因气质与学养之不同，冲突也时有发生。《明儒学案》记录了他们之间的冲突：

（王艮）归家，遂自创蒲轮，招摇道路。将至都下，有老叟梦黄龙无首，行雨至崇文门，变为人立。晨起往候，而先生适至。当是时，阳明之学，谤议蜂起，而先生冠服言动，不与人同，都人以怪魁目之。同门之在京者劝之归，阳明亦移书责之。先生始还会稽，阳明以先生意气太高，行事太奇，痛加裁抑，及门三日不得见。阳明送客出门，先生长跪道旁，曰："艮知过矣。"阳明不顾而入，先生随至庭下，厉声曰："仲尼不为已甚。"阳明方揖之起。

当然王艮过分招摇，引起阳明"痛加裁抑"，而王艮后来的悔过自新加上厉声说"仲尼不为已甚"，也使阳明反省自己的行为可能有过当的地方，可见双方都在冲突中试图调节与修正，这对彼此的成长都是有帮助的。

王艮的儿子王襞（1511—1587），字宗顺，号东厓，善讲学，喜结交，态度亲和，又乐观积极。他从小被父亲带在身边，也师事阳明的弟子如王畿、钱德洪等人。王艮父子于阳明死后，多在泰州讲学，也常往来于山阴、泰州之间，他们的门弟子品类更是繁杂，大多数都很有自信也很有作为，他们把王学的社会影响力发挥到了极致。

光是《明儒学案》中提及的泰州这一派的后学人物还有樵夫朱恕，陶匠韩贞，游侠式的颜钧、何心隐，似僧似道的邓豁渠、方与时，读书不进、郁郁以死的儒生程学颜等人，他们散在社会的基层，对阳明学感兴趣，彼此讨论辩证，也往往有所得，同时也会影响周围的人群，但他们的影响方式与结果，又与传统知识分子不同。可惜的是，他们不喜也不善著述，正统的学者又瞧不起他们，以致留下的资料不多，后人难以研究这一派在当时社会的具体作用。

## 四、"何独于人而异之"

"泰州学派"的罗汝芳算是个大人物，名闻其时，学生也多。进士出身，做过太湖县知县与刑部主事等官，算是有功名与著作的人，大约因与王艮的民间学生颜钧（字山农）有过很密切的相从关系，便将之放在"泰州学派"之中。

罗汝芳（1515—1588），字惟德，号近溪，江西南城人，嘉靖三十二年（1553）进士。早年读薛瑄（明初儒者）语，谓："万起万灭之私，乱吾心久矣，今当一切决去，以全吾澄然湛然之体。"决意立志行之，便于临时闭关，置水镜几上，对之默坐，使心与水镜无二。久之病心火，见一僧寺有救心火字样，以为名医，一经探访，才知是颜钧在讲学。颜钧（1504—1596），字山农，是王艮的传人之一，江西吉安人，与罗汝芳是同乡。罗告以心病事，颜说："是制欲，非体仁也。"罗告以孟子论"四端"之说，颜说："知皆扩而充之，若火之始然，泉之始达，如此体仁，何等直截！故子患当下日用而不知，勿妄疑天性生生之或息也。"罗汝芳便以颜钧为师，尽受其学。

罗汝芳曾出入二氏，早年是个亦儒亦佛的人物，但他简易亲和，语言姁姁，人不分畛域，皆喜与之结交。他最得力的还是儒家经典，如《大学》《中庸》等，其语录《盱坛直诠》里谈的以

《大学》居多。晚年他得罪张居正退处林野,讲学各处,只要遇到老师颜钧,皆事之以弟子礼,不离左右,一茗一果,必亲进之。诸孙以为劳,他却说:"吾师非汝辈所能事也。"其恭谨如此。

《明儒学案》卷三十四《参政罗近溪先生汝芳》有段形容罗汝芳的文字,说得极好:

> 先生之学,以赤子良心、不学不虑为的,以天地万物同体、彻形骸、忘物我为大。此理生生不息,不须把持,不须接续,当下浑沦顺适。工夫难得凑泊,即以不屑凑泊为工夫,胸次茫无畔岸,便以不依畔岸为胸次,解缆放船,顺风张棹,无之非是。

"以赤子良心、不学不虑为的",指的是以良知为核心,而"不须把持,不须接续,当下浑沦顺适"与下面的"解缆放船,顺风张棹"就好像不是儒家所称道的了,比较接近佛教的舍弃、道教的放开哲学。此说甚切合罗汝芳。罗氏以儒家为根本,但强调自然,不喜拘谨,也不放弃随时融会三教的努力。

罗汝芳善于体会人间的善良,而且会用这种善良来统摄人性,这种善良是超越"三教"的。他的思想的根本是阳明的良知学,他的良知是发自人性之至诚,管他是佛是道,都一体适用,所以他从不斤斤于儒佛之别,也从不与人针锋相对,也不会因理胜而咄咄逼人。他极善说话,说出的话亲切动人,时人都说,"龙溪(王畿)笔胜舌,近溪(罗汝芳)舌胜笔",如看他的语录就会了解这一点。有一次与人谈"孔门恕以求仁"，友人问他如何致力？他说：

> 方自知学，即泛观虫鱼，爱其群队恋如，以及禽鸟之上下，牛羊之出入，形影相依，悲鸣相应，浑融无少间隔，辄恻然思曰："何独于人而异之？"后偶因远行，路途客旅，相见即忻忻，谈笑终日，疲倦俱忘，竟亦不知其姓名。别去，又辄恻然思曰："何独于亲戚骨肉而异之？"噫！是动于利害，私于有我焉耳。从此痛自刻责，善则归人，过则归己，益则归人，损则归己，久渐纯熟，不惟有我之私，不作间隔，而家国天下，翕然孚通，甚至发肤不欲自爱，而念念以利济为急焉。三十年来，觉恕之一字，得力独多也。（《明儒学案》卷三十四《参政罗近溪先生汝芳》）

"恕"，即推己及人，曾子曾说："夫子之道，忠恕而已矣。"别人讲"恕"字，一脸正经八百，会说哪些应戒绝，哪些该做到。但罗汝芳不同，他从极小的地方举例，说大自然的禽鸟虫鱼都晓得"群队恋如""悲鸣相应"，为何人却心生阻隔，彼此防范呢？在旅途我们会放开心胸，与素不相识、偶尔相遇的人谈天说地，"相见即忻忻，谈笑终日，疲倦俱忘"，为何对自己的亲戚骨肉却往往不是如此呢？他的例子举得极好，因为是每个人都有过的经验，用字优美之外，态度又极委婉诚恳，话一经他口说出来，便不是一般的道德的说教，而是变成了美与善的分享了。我甚至觉得，他的语录可以当文学来教的，读者诸君如有兴趣，可以找他的语录来看看。

"泰州学派"被视为一学派,这是后世人的认定,当事者并不知道。当时他们并没有组织,被视为一派的人,彼此意见也不见得很一致。大致而言,其中人物大都不是正统学者出身,他们的良知学也不很纯粹,有些还夹杂着儒、佛二氏之学,《明儒学案》卷三十二《泰州学案》批评他们说:

> 阳明先生之学,有泰州、龙溪而风行天下,亦因泰州、龙溪而渐失其传。泰州、龙溪时时不满其师说,益启瞿昙之秘而归之师,盖跻阳明而为禅矣。然龙溪之后,力量无过于龙溪者,又得江右为之救正,故不至十分决裂。泰州之后,其人多能以赤手搏龙蛇,传至颜山农、何心隐一派,遂复非名教之所能羁络矣。

这段批评很有名,几乎所有研究明代思想史的人都会引用到,但里面是有问题存在的。黄宗羲等于把王畿、王艮都视为跻阳明而为禅的人,王畿是,王艮绝对不是,但王艮之后,这派人很多都出入儒、佛二氏,无所忌讳,也是事实。这一派把王学积极奋发的作用发挥出来了,也把原本在知识殿堂的良知学发展到了民间社会,建立了另一领域的"阳明学",有贡献,当然也有些破坏作用,不能只用一句话来断定。

# 第九讲

# 一、"道理不行，闻见不立"

阳明眼识高、气量大，门下容得下各式人等，正人君子居多，但也有如黄宗羲所说"赤手搏龙蛇""掀翻天地"之人，对阳明学的发展，有的是做出了贡献，有的也造成了伤害。

正当阳明死后争议不断，声誉也起落不定的时候，知识界又出了一个更有争议的人物，那便是李贽（1527—1602）。李贽原名载贽，字宏甫，号卓吾，福建泉州晋江人。泉州古称温陵，故他又有李温陵之号。李贽出生不久，阳明就去世了，泉州没什么有名的学者，因此他早期与阳明几乎没有任何关系。

李贽长大后到了外地，结识了王艮的儿子王襞，并以师称之，算是正式成为阳明后学的一员了。王艮虽也算是阳明大弟子，但在阳明门下的时间却不多，偶尔带儿子到山阴，见过阳明，也曾让儿子受教于王畿与钱德洪，细节不太清楚，但关系大约仅止于此。李贽要是与王襞有这层关系，便不可谓与阳明学无涉，但与阳明学本身的关系是不算深的。泰州学派的构成十分复杂，据日本学者冈田武彦《王阳明与明末儒学》，泰州学派里面有平实派、容禅派、气节派、旷达任诞派等，据他分析，李贽的老师王襞是旷达任诞派，而李贽则与颜钧、何心隐、耿定理等一样属于气节派。其实，冈田武彦说的这两派是为说明源流硬分出来的，其中的差异并不是很大，泰州后学的气节派也多有任诞的成分。

李贽曾被当时的主流社会视为异端,遂直言:"又此间无见识人多以异端目我,故我遂为异端以成彼竖子之名。"(《焚书》卷二《与曾继泉》)他就干脆自居为异端了。这种言语、行径,令我们不得不想起阳明也说过:"与愚夫愚妇异的,是谓异端。"(《传习录》)而阳明是站在"愚夫愚妇"这一边的,所以自认为不是异端,但在世人眼中,却是异端。说起来有点吊诡,但阳明并不以为忤。

李贽对中国传统学术,有自己的一套解释,与前人、与时贤之说往往不苟同,他曾在《答耿中丞》书中与朋友耿定向辩论:

> 此公所得于孔子而深信之以为家法者也。仆又何言之在哉!然此乃孔氏之言也,非我也。夫天生一人,自有一人之用,不待取给于孔子而后足也。若必待取足于孔子,则千古以前无孔子,终不得为人乎?(《焚书》卷一)

这段话与阳明《答罗整庵少宰书》中所言无异。阳明说:"夫学贵得之心。求之于心而非也,虽其言之出于孔子,不敢以为是也,而况其未及孔子者乎!求之于心而是也,虽其言之出于庸常,不敢以为非也,而况其出于孔子者乎!"(《传习录》)如将两段话作比较,除意见相似之外,连语气也十分接近,这证明李贽与阳明的思想在反传统的一面是相同的。

李贽与阳明的不同在于李贽更勇于打破思想上的框架与偶像。他在其著名的《童心说》中有段话:

夫《六经》《语》《孟》非其史官过为褒崇之词,则其臣子极为赞美之语。又不然,则其迂阔门徒、懵懂弟子记忆师说,有头无尾,得后遗前,随其所见,笔之于书。后学不察,便谓出自圣人之口也,决定目之为经矣,孰知其大半非圣人之言乎?纵出自圣人,要亦有为而发,不过因病发药,随时处方,以救此一等懵懂弟子、迂阔门徒云耳。药医假病,方难定执,是岂可遽以为万世之至论乎?然则《六经》《语》《孟》,乃道学之口实,假人之渊薮也,断断乎其不可以语于童心之言明矣。(《焚书》卷三)

这段"毁圣弃经"的言论,如"《六经》《语》《孟》,乃道学之口实,假人之渊薮也",不但阳明绝不会说,阳明弟子就算王畿、王艮及《明儒学案》所说的"非名教之所能羁络"的泰州后学也是不敢言的,可见李贽把王学中最狂放、最自我的一派思想,发挥得更为大胆,更为淋漓尽致。

李贽对阳明的良知主张是完全赞成的,他曾编辑过《阳明先生道学钞》八卷,极为称扬阳明的"致良知"之学。他又主张"穿衣吃饭即是人伦物理,除却穿衣吃饭,无伦物矣"(《续焚书》卷一《答邓石阳》),强调道德与知识产生在习常之间,又与阳明"心无体,以天地万物感应之是非为体"(《传习录》卷下)的说法很接近。但李贽跟阳明还是有很大的不同,譬如他在政治上比较主张黄老的"无为"之治,某些地方却又主张要利用人之"势利之心"以图治,因为自私自利是人的天性,他曾说过:"虽大圣人不能无势利之心。"又说:"势利之心亦吾人禀赋之自然。"(《道古录》卷上)这些话就比较接近韩非或法家的说法了。阳明虽主张明德必在亲民,但从未讲过要发挥人性之"势利之心",更不敢说"大圣人不能无势利之心"这样的话。李贽在用字遣词方面,无疑比阳明更为大胆,而思想上更激烈超越,尤其对传统儒家而言。

另外,李贽对文学也有一套独特的见解,他在《童心说》中曾说:

> 天下之至文,未有不出于童心焉者也。苟童心常存,则道理不行,闻见不立,无时不文,无人不文,无一样创制体格文字而非文者。诗何必古选?文何必先秦?降而为六朝,变而为近体,又变而为传奇,变而为院本,为杂剧,为《西厢曲》,为《水浒传》,为今之举子业,皆古今至文,不可得而时势先后论也。(《焚书》卷三)

他在湖北黄安讲学,张扬此道,上述这段文字启发了"公安三袁"(袁宗道、袁宏道、袁中道)所倡导的性灵文学运动,在晚明文学界造成很大的影响,这一点也是阳明所没有的。

还有,李贽提倡男女平等,是中国历史上极重要的女权伸张者。他讲学时,欢迎女子前来听讲。他在其所撰《答以女人学道为见短书》中有言:

> 故谓人有男女则可,谓见有男女,岂可乎?谓见有长短则可,谓男子之见尽长,女人之见尽短,又岂可乎?(《焚书》卷二)

这些都是李贽的特色。他异军突起,不与人同,当然源自其独特的个性,有时也不免有唱高调以求与他人区别之嫌。他对历史的诠释,也往往有其唱反调的独见。譬如,他把卓文君夜奔司马相如,视作善择佳偶;又把五代时冯道历事四姓十二君的事,视为目的在于安养百姓。(李贽《藏书》)他之所以有这些不同于一般史书的判断,是因为他既有平等的精神,又有叛逆的性格。这在当时引起了不少争议,但现在想来,确实为知识界开辟了另一片全新的视野,也是有贡献的。

黄宗羲曾论阳明之学凡经"三变",说阳明自龙场居夷处困,动心忍性之后进入第三变:"自此以后,尽去枝叶,一意本原,以默坐澄心为学的。有未发之中,始能有发而中节之和,视听言动,大率以收敛为主,发散是不得已。"(《明儒学案》卷十《文成王阳明先生守仁》)黄宗羲以为阳明后期的学问在"收敛"而非"发散",因而有"阳明一生精神俱在江右"比较保守的看法。照这个看法,李贽所承传的阳明精神,到老到死似都在"发散"一途,当然与黄宗羲的意见是很有距离的。黄宗羲与明末清初的学者如顾炎武、王夫之等对李贽的"猖狂"或"肆无忌惮"很不以为然,虽知道李贽的主张与行为是阳明一派之流亚,对晚明学术与社会有一定的作用与影响,却在《明儒学案》只字不提起李贽,好像此人不存在一样。

李贽文笔口才辩给,一生讲学,深受当时欢迎。由于其议论新奇,语言尖锐,在社会上引起了很大关注与讨论,著书一挂其名便能保证畅销,因此,坊间所鬻,真伪相参,其所到之处,往往万人空巷。但他以异端自居,行迹不避峻险,得罪当道,也为正统学者所不容,著书多被烬毁,人也常被凌辱,说起来也是狼狈不堪。后来在北京附近因案被拘,后于狱中自杀身亡,结束了其离奇的一生。

## 二、阳明的高迈处

阳明学本身具有一定的革命力与破坏力,要知道一般人比较安于现实,是不很赞成革命的,所以抱守传统的人,对阳明的主张很不适应。请想想,前面曾引用过阳明所说"泰山不如平地大"(《传习录》卷下),强调平地比泰山还大,岂不在否定一切既有的权威吗?又说不要以圣人的言语与人讲学,要"须做得个愚夫愚妇,方可与人讲学"(《传习录》卷下),岂不有毁弃黄钟大吕而自居下里巴人的意味吗?那么,圣人圣学岂不也一律在排斥之列?这是多么险峻的行径!

《传习录》里有一段写阳明与弟子对谈的场面,与谈的学生有薛尚谦(侃)、邹谦之(守益)、马子莘(明衡)、王汝止(艮)等人,谈的主题是"因叹先生自征宁藩已来,天下谤议益众,请各言其故"。大家说了不少缘由。阳明听了后说,你们说得都对,只是有一理由你们并不知道。阳明又说:

> 我在南都已前,尚有些子乡愿的意思在。我今信得这良知真是真非,信手行去,更不着些覆藏。我今才做得个狂者的胸次,使天下之人都说我行不掩言也罢。

这段话说得很有趣。阳明说之前自己还有点乡愿气息，遇到争议要做和事佬、打圆场，现在不顾这些了，干脆做一个"狂者的胸次"，一是一，二是二，信手行去，不再覆藏了。他说这话时好像动了气。他当然知道有很多不赞同他或反对他的人，但他不愿与之妥协。阳明的处境，一部分也是他自己的行为造成的，一直到老，都还是有些放纵任性的。他偶尔会豪赌式地使一下性子，不去管后果如何。举例而言，他在平宸濠之乱以及后来的广西之役之后请辞，都是在不待朝廷核准之下就直接离职走人，虽然各有理由，但还是有任性的成分在。

阳明学当时确实能震动人心。黄宗羲《明儒学案》说，阳明学成前有三变，学成后又经过三变。学成前三变是，首先泛滥于词章，继则遍读朱熹之书无所得，于是出入佛、老，及居夷处困，动心忍性，忽悟格物致知之旨。学成之后，又尽去枝叶，一意本原，以默坐澄心为学的，这是第一阶段。江右之后（平定南、赣之乱与宸濠之乱后）专提"致良知"三字，默不假坐，心不待澄，得到的结论是"知之真切笃实处即是行，行之明觉精察处即是知"，无有二也。第三阶段是居越之后，所操益熟，所得益化，黄宗羲说此时的阳明"时时知是知非，时时无是无非；开口即得本心，更无假借凑泊，如赤日当空而万象毕照"（《明儒学案》卷十《文成王阳明先生守仁》）。黄宗羲之言，纯从境界与气象上言，不好把握，但下面的这段话，说得十分具体。他在《姚江学案序》中说：

有明学术，从前习熟先儒之成说，未尝反身理会，

推见至隐,所谓"此亦一述朱,彼亦一述朱"耳。高忠宪
(攀龙)云:"薛敬轩、吕泾野《语录》中,皆无甚透悟。"
亦为是也。自姚江指点出"良知人人现在,一反观而自
得",便人人有个作圣之路。故无姚江,则古来之学脉
绝矣。

这话说得真好,让人人都听得懂、把握得住。高攀龙是明
末东林书院的主持人,到东林时期,王学的巅峰期已过,东林
诸儒对"王学末流"也作过攻击,所以此时的高攀龙对阳明的
批评就更为可信了。他说薛敬轩与吕泾野(薛敬轩即薛瑄,吕
泾野即吕柟,皆是阳明之前很有声望的大儒)的《语录》中"皆
无甚透悟",而阳明的良知学指出,良知人人皆有,只要"反观"
就可以自得了,使人人有条"作圣之路"可走。所谓"作圣",是
人皆可以为尧舜,而"人人"则指涉更广,"作圣"不只读书人才
可,没读书或不读书的人也是可以做到的,这使得中国传统最
高的理想"做圣人",不仅限于读书人,更向大众迈进了一大
步,连一般人都可以做到。这是阳明学更高迈的精神,也是他
对中国思想界的巨大贡献。

## 三、阳明死后的争议与平反

下面来谈一谈阳明死后的争议。

阳明学在学理上比较简单,只要一句话就可涵盖,那就是
"致良知"。这良知藏在人心,不假外求,但要如何发现,如何

"致"它出来，却也大有玄机在。良知仅一事而已，而说法可能有万端，阳明在时，有请益的老师在，所以不致发生太大的问题，而阳明死后，不同派别的学生各有意气之争。

阳明本身涉猎广泛，早年曾出入佛、老，虽然后来屡次申明自己儒家的立场，但事理说到紧要处，偶尔还是用了一些传统儒家不太使用的语汇或方式。譬如，晚年揭示的"四句教"，其中有"无善无恶心之体"，以"无"释"有"，是宋以前的传统儒家不曾有过的，周敦颐的"无极而太极"是说"有"生于"无"，而不是说"有"即为"无"。阳明提出后，有些弟子礼貌地表示怀疑，但阳明对这句话很坚持，后来因忙于平乱，没空作较细的说明。隔了一年，阳明便去世了。阳明死后，这句不很清楚的话引发出来的不同解释就多了，赞成的一方与不赞成的一方往往各执一词，开派立宗，党同伐异，形成了同门之间的争议。

赞成的一方当然是"浙中王门"中的王畿，和同门中一群思想比较倾向混同儒释的学者，包括万表（鹿园）、张元汴（阳和）等人，也包括"泰州学派"中的罗汝芳、周汝登（海门）、陶望龄（石篑）等人；不很赞成阳明此说的以"江右王门"诸学者为主，如邹守益、欧阳德、罗洪先等人，但也不是那么统一，如聂豹、邹元标等对佛学有认识的学者，对此也不见得彻底反对。

阳明死后，眼见一派揭良知而行、亦儒亦佛的人物言行过于猖狂，反对声也越来越大。明万历时的学者杨时乔（1531—1609）极厌恶阳明，对罗汝芳的亦儒亦禅更指控历历，《明史·杨时乔传》记其上疏劾罗文曰：

佛氏之学，初不溷于儒。乃汝芳假圣贤仁义心性之言，倡为见性成佛之教，谓吾学直捷，不假修为。于是以传注为支离，以经书为糟粕，以躬行实践为迂腐，以纲纪法度为桎梏。逾闲荡检，反道乱德，莫此为甚。望敕所司明禁，用彰风教。

可见社会上下，对罗汝芳此派的反感相当严重。到晚明"东林学派"成立，对王学中猖狂人士的挞伐变得更为猛烈，一直到刘宗周，他坚决认为阳明不该说"无善无恶心之体"这句话。刘宗周又影响到他的学生黄宗羲，他们都以"江右王门"为阳明学的正宗，理由就是他们修持严谨，一点都不猖狂。黄宗羲在《明儒学案·江右王门学案序》中说："是时越中（浙中）流弊错出，挟师说以杜学者之口，而江右独能破之，阳明之道赖以不坠。"可见阳明后学，虽来自同门，视阳明的"无善无恶心之体"犹如水火。

这只是阳明学学者内部的争议，显然已经十分强烈了，而外面的争议更是不断。阳明死在回乡路途，灵柩从南安刚运到山阴，朝廷就发出"爵荫赠谥诸典不行，且下诏禁伪学"（《年谱》）的命令，这当然缘于朝廷中以桂萼为首的许多大臣的建议，远因是朝廷的政争，之前的大学士杨廷和与兵部尚书王琼不合，连带使阳明受累。大臣中有很多人对阳明的功绩有忌惮之心，阳明一死，做过吏部尚书的桂萼就上书说："守仁事不师古，言不称师。欲立异以为高，则非朱熹格物致知之论；知众论之不予，则为《朱熹晚年定论》之书。号召门徒，互相倡和。才美者乐其任意，庸鄙者借其虚声。传习转讹，背谬弥甚。但讨捕鲎贼，擒获叛藩，功有足录，宜免追夺伯爵以章大信，禁邪说以正人心。""帝乃下诏停世袭，恤典俱不行。"（《明史·王守仁传》）这是当时官方对阳明的处置，以对朝廷卓有功勋的阳明而言，确实不堪极了。

像这样的争议在阳明死后从未停止，也有不少人，尤其是几个阳明在朝的弟子如时任詹事府詹事的黄绾、给事中周延等人，不断上书为阳明平反冤屈，恢复名誉，其中以黄绾出力最大。黄绾（1480—1554），字宗贤，一字叔贤，是阳明的弟子，也是阳明的姻亲，黄绾之女为阳明子正亿之妻（但阳明并不知道有这段婚事，因为阳明死时，正亿尚稚龄未婚）。虽经黄绾等人极力辩驳，北方朝廷反阳明的暗势力还是很强，最后还是不敌。

据阳明《年谱·附录》所载，阳明死后四年："编修程文德、欧阳德、杨名在翰林，侍郎黄宗明在兵部，戚贤、魏良弼、沈谧等在六科，与大学士方献夫俱主会。适时黄绾以进表入，洪与畿以趋廷对入，与林春、徐樾、林大钦、朱衡、王惟贤、傅颐等四十余人始定日会之期，聚于庆寿山房。"可见在京师，拥护阳明的势力也是有的。由文中有"始定日会之期"看来，弟子同志的聚会是定期的，也有一定的数量，作用与影响当然不可小看。

此后阳明弟子同志之会机会越多，地方也从京师扩展到南京以及其他多处了。自阳明死后，全国兴起了很多的祠堂、精舍乃至书院，以做纪念阳明与讲学的基地。据《年谱·附录》所记，自嘉靖九年（1530）到嘉靖四十三年（1564），三十余年间的设立如下：

嘉靖九年五月，门人薛侃建精舍于天真山，祀先生。

十三年正月，门人邹守益建复古书院于安福，祀先生。三月,门人李遂建讲舍于衢麓,祀先生。五月,巡按贵州监察御史王杏建王公祠于贵阳。

十四年,巡按直隶监察御史曹煜建仰止祠于九华山,祀先生。

十五年,巡按浙江监察御史张景、提学佥事徐阶重修天真精舍,立祀田。

十六年十月,门人周汝员建新建伯祠于越。十一月,佥事沈谧建书院于文湖,祀先生。

十七年,巡按浙江监察御史傅凤翔建阳明祠于龙山（余姚）。

十八年,江西提学副使徐阶建仰止祠于洪都（南昌）,祀先生。同年,吉安士民建报功祠于庐陵,祀先生。

十九年,门人周桐、应典等建书院于寿岩（浙江永康）,祀先生。

二十一年,门人范引年建混元书院于青田,祀先生。

二十三年,门人徐珊建虎溪精舍于辰州,祀先生。

二十七年八月,万安同志建云兴书院,祀先生。九月,门人陈大伦建明经书院于韶,祀先生。

二十九年正月,吏部主事史际建嘉义书院于溧阳,祀先生。四月,门人吕怀等建大同楼于新泉精舍,设师像,合讲会。

三十年,巡按贵州监察御史赵锦建阳明祠于龙场。

三十一年,提督南赣都御史张烜建复阳明王公祠于郁孤山（江西赣州）,又复建阳明王公祠于南安。

三十二年,江西佥事沈谧修复阳明王公祠于信丰县。三月,改建王公祠于南康,安远县知县吴卜相请建王公报功祠。

四月,瑞金县知县张景星请建王公报功祠。六月,崇义县知县王廷耀重修阳明王公祠。九月,太仆少卿吕怀、巡按御史成守节改建阳明祠于瑯琊山。

三十三年,巡按直隶监察御史闾东、宁国知府刘起宗建水西书院,祀先生。

三十四年,欧阳德改建天真仰止祠。

三十五年二月,提学御史赵镗修建复初书院,祀先生。五月,湖广兵备佥事沈宠建仰止祠于崇正书院,祀先生。

四十二年八月,提学御史耿定向、知府罗汝芳建志学书院于宣城,祀先生。

四十三年,巡按江西监察御史成守节重修洪都王公仰止祠。

这些书院、精舍、祠堂是在中央"学禁方严"的状况之下建立,很少是出于政府之力,多是民间或地方官员所立,可见明代社会越到后期越是多元,而阳明学术也越深契人心。嘉靖中叶之后,朝中反阳明势力慢慢退去,阳明弟子如欧阳德、聂豹、李春芳、李遂等在朝廷得势,文臣兼有武功的一群官员如徐樾、唐顺之、罗洪先对阳明一向崇服,东南三省总督胡宗宪,名将戚继光、谭纶、翁万达等,都是王学的支持者与拥护者。其中最有力的是嘉隆之际担任首辅的徐阶(1503—1583)与当时的户部尚书耿定向。得益于同心一致的努力,至隆庆之初,朝廷又恢复了阳明的赏爵,并追谥文成,但距阳明之死,已是三十八年之后的事了。

最高的荣典是万历十二年(1584)神宗下令,阳明与陈献章一起从祀孔庙,二人与早期的胡居仁、薛瑄为有明仅有的四位从祀者。这对阳明而言算是很特殊，其他三人比较没有争议，而阳明的争议一直是有的，因为他跟元、明以来两代科举的"国师"朱子唱了反调，又说过不少被视为对孔子不敬的言语，譬如他在《答罗整庵少宰书》中说："求之于心而非也，虽其言之出于孔子，不敢以为是也，而况其未及孔子者乎!"如此"叛逆"竟然得以从祀孔庙，着实有点让人意外。当然要是阳明活着，也不见得在乎这一件事，因为入祀的事，太政治化了，阳明是瞧不起的。但这消息也不是没有意义的，等于是说，阳明在儒学的地位，在他死后终于得到朝廷的肯定，其中还包括正统且具地位的儒学家。

但这不表示阳明之学从此一帆风顺步入坦途，阳明从祀孔庙的时代已进入"晚明"（史学家多将万历之后到明亡这一段时间称作晚明），接下去中国遇上了黄宗羲说的"天崩地解"的大动乱。"天崩地解"指的是明亡于清，但也指价值观的大错乱，明末清初的许多重要学者，对明亡于异族很是悲痛，对明末人的价值观错乱也不能适应。

明亡的原因很多，大部分是政治、军事或经济上的，一般学者对那些都指责不了，就算指责了也没效果，只有把大部分的责任推到知识分子身上了。顾炎武在抗清失败后，提出"士大夫之无耻，是为国耻"的口号，他高举"博学于文，行己有耻"的高蠹来提倡新学术，把矛头对准阳明与阳明后学，说阳明主张现成良知，弄得读书人"束书不观，游谈无根"，最后把国家都弄亡了。当时另一大儒王夫之也持同样主张。

如以知识界轻视闻见之知来指责阳明，还可以说有些道理,但要是把明朝亡国的罪放在阳明身上,那就大有问题了。阳明除了提出良知的心学,以与之前的理学相抗之外,他在中国思想史上,另辟思考的蹊径,为眼见走入穷途的理学注入了新的源头活水,这是有很大贡献的。另外,在事功上论,阳明一生平定了三个国家级的乱事,功业彪炳,做到了连孔、孟都不见得能做到的"内圣外王",岂如一般读书人只在书室徒呼救国而已? 以明代亡国之责追究阳明,其实完全是找错了对象。

## 四、清以后阳明学的发展

下面再谈谈入清之后的阳明学发展。

综观清朝学术,乾、嘉两朝最为兴盛,乾嘉之学的精粹在考据学,朱子之学讲的是义理,阳明学讲的是致良知,所以朱子之学和阳明学在清代是孤寂的。清儒对前朝的学术总有点瞧不起的心态,我可举一例来说明。我在第一讲中曾说全祖望对黄宗羲推崇备至,曾举《鲒埼亭集》中的《梨洲先生神道碑文》,文中说:

> 公(黄宗羲)以濂、洛之统,综会诸家,横渠之礼教,康节之数学,东莱之文献,艮斋、止斋之经制,水心之文章,莫不旁推交通,连珠合璧,自来儒林所未有也。

全祖望所举的人物,不论濂(周敦颐)、洛(程颢、程颐)、横渠（张载）、康节（邵雍）、东莱（吕祖谦）、艮斋（薛季宣）、止斋（陈傅良）、水心（叶适）等人莫不是宋人，全祖望也是谈朱熹的，但此文说黄宗羲之学集众家之长，而众家中连一点点明儒或阳明的影子都没有，也确实匪夷所思，更不要说《明儒学案》是黄宗羲最重要的著作了。黄宗羲说："有明学术，白沙开其端，至姚江而始大明。"（《移史馆论不宜立理学传书》）又说："故无姚江，则古来之学脉绝矣。"（《明儒学案》卷十《姚江学案》）可见黄宗羲对阳明的推崇至高，亦可见全祖望对黄的评论至少在此处是有问题的，更可见出清儒对明儒的看法是不很公允的。清人不喜论心学，也不喜论理学，这一点从顾炎武之学可以看出来。顾炎武反对宋之后的理学，曾说："理学之名，自宋人始有之。古之所谓理学，经学也。"（《与施愚山书》）又说："愚不揣……故凡文之不关于六经之指、当世之务者，一切不为。"（《与人书三》）当然心学在理学之后，他更是反对了。顾炎武与王夫之对阳明甚至整个明代学术不仅无丝毫好感，有时甚至到了深恶痛绝的地步。顾炎武曾说："有明一代，囿于性理，汩于制义，无一人知读古经注疏者。"（《国朝汉学师承记》卷八）王夫之对明学更是痛加挞伐。清初学者对明学极瞧不起，对宋学是看不上，可说是起源于顾炎武，但他们对宋学的批评不如对明学厉害。他们对宋学也很有选择性，比较重视的是宋学中"疑经"或与文字训诂有关的学问，大致都是偏向考据性的知识。

　　清初对王阳明有较公正评论的，除黄宗羲一派外，就数陆世仪了。陆世仪（1611—1672），字道威，自号刚斋，晚又号桴

亭,江苏太仓人。他是宗朱学的学者,但对阳明也有看法,比较顾、王等人,有善意多了。他在其所著《思辨录·诸儒异学篇》有言:

> 阳明之学,原自穷理读书中来,不然,龙场一悟,安得《六经》皆凑泊?但其言朱子格物之非,谓尝以庭门竹子试之,七日而病。是则禅家参竹篦之法,元非朱子格物之说,阳明自误会耳。盖阳明少时,实尝从事于禅宗,而正学工夫尚寡,初官京师,虽与甘泉讲道,非有深造。南中三载,始觉有得,而才气过高,遽为致良知之说,自树一帜。是后毕生鞅掌军旅之中,虽到处讲学,然终属聪明用事,而少时之熟处难忘,亦不免逗漏出来,是则阳明之定论也。要之,致良知固可入圣,然切莫打破"敬"字,乃是坏良知也;而致之亦岂能废穷理读书?然阳明之意,主于简易直捷,以救支离之失,故聪明者喜从之。而一闻简易直捷之说,则每厌穷理读书之繁,动云"一切放下""直下承当"。心粗胆大,只为断送一"敬"字,不知即此简易直捷之一念,便已放松脚跟也。故阳明在圣门,狂者之流,门人昧其苦心以负之耳。

他的说法不脱刘宗周或江右所标举的"慎独居敬"那一套,但在清初,陆世仪对阳明学算是有较公平的议论。之后,像他这样的言论就没有了。

可以说有清三百年,王学是沉寂的,王学在中国有"复燃"之势,是到了近代。晚清,梁启超就公然提倡过阳明学,后来的革命家孙中山、蒋介石，学者章太炎、张君劢等人，都喜读阳明的书，受到过不少影响。杜维明说过："孙中山的行动学说、熊十力的心灵哲学、毛泽东的实践论，都多少受了阳明思想方式的影响。"为什么会受到阳明学说的影响呢？这是因为阳明提倡知行合一，即知即行，只有知行合一，才能把已僵化的传统儒学带入一个活泼又有生机的境地，因为其中有不少如西方学术重视经验、讲求实践的精神。有趣的是，梁启超曾把王阳明比之于西方的哲学家康德（Immanuel Kant，1724—1804），而杜维明把王阳明比之于带领欧洲宗教改革的马丁·路德（Martin Luther，1483—1546）。梁启超说：

> 故以良知为本体，以慎独为致之之功，此在泰东之姚江，泰西之康德，前后百余年间，桴鼓相应，若合符节。斯所谓东海西海有圣人，此心同、此理同。（《新民说》）

杜维明更说："他本人（阳明）重身教而不只是言教，为自己的新学说提供了一个示范。在他的影响之下，孔孟之道不再被看作只有读书人才能走的路。孔孟之道成为一切人的道路，其初衷就是如此。可以毫不勉强地说，在这个特定的方面，阳明对儒学所做贡献同德国的马丁·路德对基督教所做贡献一样深刻。"

有趣的是，中国近代的阳明学复兴，很少是自觉式的，大部分是受到外国的启发，譬如梁启超以康德比拟阳明，杜维明以马丁·路德的宗教改革来比拟阳明学在中国的发展。可惜梁启超没对阳明与康德的比较做更深的讨论,但杜维明以马丁·路德况阳明,确实有其精到之处。马丁·路德小阳明十一岁,他追求的是天主教的解放,而阳明追求的是儒学或理学的解放,内容跟形式,都有十分接近的地方。与外国同性质的思想家作比较,可以看出一种思想的另外一个世界。明清时期,中国与外国的交往频繁,有些中国的学说也会传到外国,在域外开花结果,这种状况,也十分有趣。

阳明学对外国的影响,其中以对日本的影响较大。

梁启超戊戌之后曾亡命日本,他见到晚清时代的日本,处处强过中国,又发现在中国,传统文化中原有的一些"本质"部分消失了,梁启超称此本质为"原神真火",这"原神真火"也就是"吾祖宗遗传之固有旧道德",已在中国不见了。他在1904年写了《新民说》,其中一篇《论私德》特别提到"王门及其门下所言"(指的应是刘宗周与黄宗羲这些人)的正本、慎独、谨小三项,为"安身立命之大原"。同年,他又写了一本小书,叫《中国之武士道》,认为要兴复中国,要提倡中国传统的"尚武"精神。这本小书的写作动机显然是来自日本。

梁启超在万木草堂时代,曾读过日本汉学家吉田松阴的《幽室文稿》,后来旅日时,又读了井上哲次郎的《日本阳明派之哲学》,深受其中言论的影响。京都大学的狭间直树教授曾说,梁启超表面讲的是回归传统道德的话,实际是受到日本"大和魂"与"武士道"观念的启发,想在中国古有的材料中找到"中国魂"与"中国之武士道"。他还受到日本阳明学者吉本襄、井上哲次郎所说的,以阳明学"作为明治日本的国民道德之重要组成部分"的影响,开始称扬阳明思想。后来张君劢在

《比较中日阳明学》中曾感慨说:"呜呼! 阳明学之在吾国,人目之为招致亡国之祸,而在日本则杀身成仁之志行,建国济民之经纶,无不直接间接受王学之赐。"

另外一位特殊人物是蒋介石。他平生十分醉心于阅读阳明的《传习录》《大学问》,对阳明的致良知、知行合一极感兴趣,而且把阅读的经验转化到治军、治国上来。这一方面是因为阳明不只是个儒者,而且平生建有军功,而当蒋成为国家的领导人之后,又图传统文化的复兴,阳明便成了他偶像式的人物,而他后来积极推动阳明的动机,与梁启超一样,也是从日本来的。

蒋介石年轻时曾到日本军校学习,看到日本自明治维新之后的政治、经济与军事状况,与中国的落后形成了明显的对比。而他知道日本的明治维新,是受到阳明学的影响的。他曾在日记中叙述自己在日本时,看到很多军人在读阳明的选集,书市书摊到处在卖有关阳明的著作,在这种状况的激荡之下,他便开始阅读阳明,后来有志在中国也完成一套有关于政治的改革与道德的重整运动,其主要依据的就是阳明思想。

蒋介石虽受日本阳明学盛行的激荡,但他对日本的儒学发展是有批评的。他曾以儒家的"知""仁""勇""三达德"为标准来衡量日本人,认为日本人只做到了"勇",而"智"与"仁"的涵养则明显不足。这时日本人随时准备侵略中国,试图以小吃大,就是不智;打算消灭别人的国家,就是不仁。蒋虽军人出身,但对日本的批判性观察也算够深入。

# 第十讲

# 一、韩、日阳明学的消长

不论把阳明比成中国的马丁·路德还是康德,他在中国思想界的发明与影响,理应受到世界学术的重视,但除了中国之外,世界其他地方讨论阳明学的人并不多。不只阳明学,其他学术也多是如此,主要是受到汉字与西方拼音文字不同的影响,一般西方人很少有人能看懂读通中国典籍。譬如,德国的莱布尼兹(Gottfried Wilhelm Leibniz, 1646—1716)与法国的伏尔泰(Voltaire,本名 François—Marie Arouet, 1694—1778),在他们的著作中常喜欢谈中国或东方的哲学,但对中国的文字其实一窍不通。近代的韦伯(Max Weber, 1684—1920),也有不少有关中国的著作,他其实对中文的了解,也十分粗浅,这是他在自己著作中承认的。更有名的是大作曲家马勒(Gustav Mahler, 1860—1911)写过一首如交响乐一般体制庞大的歌曲集,名叫《大地之歌》(Das Lied von der Erde),里面有男中音与女高音的独唱,所唱的都是唐诗里著名的篇章,如李白、王维、钱起、孟浩然等人的诗,但有趣的是从现存的德文唱词中,很难"恢复"为唐诗的原作,这是因为马勒本人根本不懂中文,而他依据的德文译本,又错误百出,但这些错误并不妨碍《大地之歌》在古典音乐上的地位,可见东、西方的隔阂与差异有多大了。

受阳明学与其他中国学术影响的,多在汉字流行的区域。韩国与日本早年流行中国学术,当时的学者也多通习中文,所以谈阳明学对域外的影响,也须从韩、日两国谈起。前面讲到清末到近代中国,阳明学之有复振的现象,多少是受到东邻日本的影响,所以阳明学在日本发展的现象尤其重要。

先谈韩国。

历史上,明朝时,朝鲜王朝与我国接壤,比起日本来,因无海洋间隔,彼此往来要方便许多,阳明在世时,初刻的《传习录》已传到朝鲜。但朝鲜的儒学,比起中国来还要保守许多,当时朱子学深深影响到朝鲜的各阶层,宗朱学的人都把晚出的阳明学当成是出来搅局的,甚至视之为邪魔外道。明末一位朝鲜的文学家许筠(1569—1618)来过中国很多次,与中国的许多阳明后学有过交往,跟李贽也认识,受良知说的启发,回去曾试图张扬王学,但反应很平淡,他的努力并未在朝鲜兴起太大的波澜。

20世纪50年代初,朝鲜战争之后,朝鲜半岛分裂为朝鲜和韩国两个国家,而阳明学在韩国更受到重视,这一方面是受到中国阳明学复兴的影响,另一方面也是受到日本汉学发展的影响,但一直到今天,在韩国,阳明学都没有太大的特殊性,对学术的影响也不大。

再来谈谈日本。

阳明学在中国早期称王学,以与程、朱相别,《明儒学案》称阳明一派为"姚江学",称他弟子曰"王门",日本人很早就称"王学"为"阳明学",有人说最早称"王学"为"阳明学"的是日本人,可见日本人与此学的关系很深。其实"阳明学"一词并不始自日本,《明史·王守仁传》就有下列文字:

> 守仁天姿异敏……其为教,专以致良知为主。谓宋

周、程二子后，惟象山陆氏简易直捷，有以接孟氏之传。而朱子《集注》《或问》之类，乃中年未定之说。学者翕然宗之，世遂有"阳明学"云。

可见"阳明学"一词中国早有，并非首创于日本，只是在中国多称之为"姚江学"或"王学"，而日本始终称之为"阳明学"而已。阳明在世时，日本处在所谓的"战国时代"，当时已有些有关阳明的著作随着交流的学者传入日本了。之后在中国东南扰乱的倭寇，也偶尔会将抢来的图书带入日本。这些都不是系统传入，所以影响并不是很大。当时日本的读书人能读中文的很多，而阅读阳明书的人一般不是很高层的人物。

## 二、日本阳明学的发展与现况

说起日本的阳明学，可能要从僧人了庵桂悟（1425—1514）说起。传说了庵曾于正德四年（1509）奉当时日本幕府大将军足利义澄之命出使中国，当时了庵已八十五岁。过了三年，了庵访问了宁波的阿育王山广利寺，据说在寺中见过阳明，并与之交谈甚契。了庵回日，阳明写了《送日本正使了庵和尚归国序》（此文转载于不少日本史料中，又说真迹藏于日本山田博物馆，今《王阳明全集》未收）。假如所记正确，这应是阳明本人或阳明学与日本发生关系的开始。日本近代哲学家井上哲次郎（1856—1944）说过："桂悟亲与阳明接触，为哲学史上不可看轻的事实。"但了庵是僧人，对阳明学的兴趣可能不高。

要谈到阳明学影响到日本,得从另一人说起。

晚于了庵近百年,日本有位下层武士名叫中江藤树(1608—1648),脱藩(指武士脱离所属的本藩成为自由人)之后,在家乡办了个藤树书院讲学。中江藤树原来是宗朱学的,后来转向阳明学,据说他讲学的内容就以阳明的良知学为主。他的学生有各式人等,有武士、农人、工匠,非常像阳明门下,尤其如泰州一派的光景,当时人给了他个称号,叫他"近江圣人"。在日本讲阳明学的,中江藤树可称为鼻祖。

中江藤树于四十一岁盛年早逝,但他的讲学影响不小。死后,他讲的阳明学分成了两派:一派倾向于继承阳明学的心学传统,称为"德教派";另一派主张发扬阳明的事功实践,称为"事功派"。讲事功的一派出了个大人物,名叫熊泽蕃山(1619—1691)。他一生讲学、著述不断,德业俱佳,极得当时与后世的钦服,对王学的张扬做出了很大贡献。日本后来的汉学家荻生徂徕(1666—1728)对他曾经有过这样的评价:"盖百年来儒者巨擘,人材则蕃山,学问则仁斋(指另一位儒者伊藤仁斋),余子碌碌未足述也。"对蕃山评价之高可见一斑。熊泽蕃山死后,王学在日本沉寂了一阵子。

明亡后有位大儒因抗清失败而流亡日本,他就是朱之瑜(字鲁玙,号舜水,1600—1682)。朱之瑜跟阳明一样都是浙江余姚人,但他不是阳明一派的学者,他的学问比较倾向朱子。明末他曾参与了地方的抗清活动,失败后逃往日本筹饷(当时汉人禀民族大义,不屈于清而乞师或筹饷日本的很多,黄宗羲即有《日本乞师记》一文),又辗转舟山、闽粤沿海,还一度帮助过郑成功、张煌言等人反清复明,但朱之瑜历经数年努力无果，最后只得居住日本。在日本，他很受知识界的敬重，德川家康的后人曾迎他到江户（东京），并且以弟子礼事之。后来他死于日本。日本人对他以国师相待，优礼有加。

尽管朱之瑜的学问不宗王学，但他重履践、轻玄虚的学风，极受日本学者看重，连带使得汉学（中国学）受到重视。日本的王学在他之前广泛流行于较低阶层（如中江藤树的学生），此时因他而慢慢提升了地位。说起来有点可笑，清朝是王学很不受看重的时代，清朝的学术中心不在思想，而在考据名物，但在同一时代的日本，研究与接受阳明学说的人很多，这些人慢慢地形成了一个学问的区块，后来影响到19世纪中晚期日本的维新运动。

在明治维新之前，阳明学沉寂了一段时间，当时日本学坛，宗中国学的那一派又恢复了对朱学的尊重，而想要舍弃汉学的被称为"国学派"的学派又在兴起中。所谓国学派，其实就是以日本本身的学问为主的学派。这一派的兴起，显示了日本想在学术上展现自信与自主。另外一派是欧化派，他们设法建立一个学术流派，要让日本极力摆脱它属于亚洲国家的命运。当时他们憧憬的对象是欧洲的荷兰，因而有所谓"兰学"（"荷兰学"的简称）的产生，可见当时日本学术界的方向的分歧。

在19世纪初叶，日本出了个叫大盐中斋的人。大盐中斋（1793—1837），世称大盐平八郎，早年做过小官，三十七岁时辞去官职，隐居起来读阳明的书，对阳明"知行合一""致良知"的学问有深入研究。他非常自律，读书用功，有发愤起来十日不寐的记录。他学阳明早岁在"阳明洞"研读,辟了一个叫"洗心洞"的地方自修及讲学,又与当时另一位阳明学家佐藤一斋不时讨论,以独有的一套方式诠释"良知说"。他著有《洗心洞札记》与《古本大学刮目》等书,后死于率领农民起义夺粮的抗争中,是个既有学问又有行动力的人物。

佐藤一斋(1772—1859),出身江户藩邸,在藩中的地位很高,曾担任幕府最高学府昌平簧的儒官(也就是总负责人),地位有点像中国的太学祭酒,弟子最多时达三千人。著有《言志四录》。不论中国还是日本,官学还是宗朱熹系统的,佐藤一斋对阳明的良知学心有独钟,所以有人说他是"阳朱阴王"。由于他地位高,年岁长(活了八十八岁),他之宗阳明学,对当时及后世影响极深。

不久到了明治时代,阳明学变得昌盛起来,这是由于阳明学并不提倡要有高深的学问——我心的良知是现成的,只要"致"了良知,平凡如我,也可以为圣为贤——这说法给一般人的鼓励很大,所以阳明学之兴都在旧社会崩解,新时代、新观念将立的时候。

阳明是有事功的,"知行合一"鼓舞了力行实践的精神,这点最能迷住想要有所表现的日本人。明治维新之前,日本社会有种力量在涌动,希望国家能富强,社会弥漫着一种亢奋求进的气息。这时热衷于阳明学说的人很多,而且多是重要人士,其中有武士山县有朋(1838—1922,日本陆军的创始人)、学者福泽谕吉(1835—1901,思想家)、商人涩泽荣一(1840—1931,被后世誉为"日本企业之父")、政治家伊藤博文(1841—1909,明治维新首任首相,也是日本政治史上的第一任首相）等，他们都是那个时代能影响风气的风云人物。

当然阳明学的盛行跟日本社会的变化是息息相关的，到了20世纪，日本接触到整个世界，阳明学在国防、商业乃至政治上的影响力就慢慢变小了，回归学术领域。20世纪之后，日本的阳明学者不算少，但限于篇幅，我在此只介绍一位有名的阳明学专家冈田武彦。

冈田武彦（1908—2004），日本九州人。他一生研究中国思想史，尤其精于明代思想，与同乡的荒木见悟被誉为日本近代明代思想研究的双杰。光看他的著作，就知道他是阳明学研究的领袖人物，其中与阳明有关的有《王阳明与明末儒学》《现代的阳明学》《儒教精神和现代》《王阳明纪行》《大传：知行合一的心学智慧》等。他不只毕生从事阳明学的研究，而且晚年奔走于中日两国，张扬此学，对后学影响很大。冈田武彦在日本到处募钱，帮忙修复许多有关阳明的古迹，今天在绍兴兰亭附近的阳明墓，就是他在日本募了资金帮助修复的。我曾两次拜谒阳明墓，其中一次是在清明节，未见到任何来此扫墓祭祀的人，只有我带着几个学生在墓前行礼，心中感触万千，自然想起日本的阳明学与冈田武彦先生了，我是怀着崇敬与感谢心情的。

## 三、重新检视阳明学

我对阳明一生与其学术的介绍，大致只能说到此了。下面我想对阳明这个人与他在中国学术上的成就,做一个比较整体的评论。

自黄宗羲说过"盖阳明一生精神,俱在江右"之后,后世对阳明学的主张就偏向"戒惧慎独"一方,当然照黄的老师刘宗周的观点,用"戒惧慎独"的方式求良知才是阳明的"师门本旨",才能使阳明学摆脱"浸流入猖狂一路"。刘、黄的说法不能算错,但要知道他们的议论是针对阳明学者因过于重视走入社会而逐渐失去真相、行为也过于猖狂而提出来的,持论有点以偏颇救偏颇的味道,从这个方向看,是看不出阳明学的真相来的。

如过于强调"戒惧慎独"是阳明学的本旨,则将阳明学置于个人心灵化、居敬守静之一途。阳明学当然有这种成分,但不可怀疑,阳明学也有朝世界开放、极重视行动的一面。阳明自己说过:"良知明白,随你去静处体悟也好,随你去事上磨炼也好。良知本体原是无动无静的,此便是学问头脑。"(《传习录》)有一次阳明答人问而说:"只要是去人欲,存天理,方是功夫。静时念念去人欲、存天理,动时念念去人欲、存天理,不管宁静不宁静。若靠那宁静,不惟渐有喜静厌动之弊,中间许多病痛只是潜伏在,终不能绝去,遇事依旧滋长。以循理为主,何尝不宁静?以宁静为主,未必能循理。"(《传习录》)阳明以为良知本无动静之分,而只强调守静,是有"许多病痛"在的,因此如抱守着居敬守静之一端,也不能解释阳明学真实又全面的内涵。

我不赞成思想定为一尊,任何一种定为一尊,对思想都会造成戕害,结局当然是坏的。孔子在世时没权没势,其学当然没法定为一尊。孔子有不少学生，死后张扬孔学，但每家传授也多有不同，我们在《论语·子张》中看到孔门弟子子张、子夏、子游之间有不少争议，可见便在孔门阵营之中，孔子也无法定为"一"尊，也不能用孔子的"一方面"解释孔子的全面。《韩非子·显学》有言：

> 世之显学，儒、墨也。儒之所至，孔丘也；墨之所至，墨翟也。自孔子之死也，有子张之儒，有子思之儒，有颜氏之儒，有孟氏之儒，有漆雕氏之儒，有仲良氏之儒，有孙氏之儒，有乐正氏之儒。自墨子之死也，有相里氏之墨，有相夫氏之墨，有邓陵氏之墨。故孔、墨之后，儒分为八，墨离为三，取舍相反不同，而皆自谓真孔、墨。孔、墨不可复生，将谁使定世之学乎？
>
> 孔子、墨子俱道尧、舜，而取舍不同，皆自谓真尧、舜。尧、舜不复生，将谁使定儒、墨之诚乎？

由韩非的说法来看，孔、墨在战国时代，传人很多很杂，儒、墨本身就有争议，思想也是分歧的，都未定为"一尊"，但儒、墨之所以成为当时的"显学"，便是因有争议而分门别派、开枝散叶，也因分门别派、开枝散叶而有了新的发展，有了可以流传千古的结果。

阳明之前，朱学因鼎盛而出现疲软、僵化的弊病，不只朱学，连传统儒学也因僵化而显得消沉。到了明代中叶，阳明提出质疑，朱学自然须自我修正改进，攻防之间，往往产生了新义，对朱学而言，这也是很好的事。阳明比较偏向心学主张,初看起来与朱学同时的陆学无异,但阳明的说法比起陆九渊更为周到、更为全面,至少"致良知""知行合一"等口号叫起来要比陆九渊的响亮得多。阳明比较能够号召群众反省传统思想留下的问题。阳明的出现,打破了传统儒学长期被一派独断诠释的机会,也为已渐渐缺乏生命力的儒学注入了全新的源泉活水。儒学有了朱熹与阳明分庭抗"理",才叫作多元。

阳明可称是一位真正"多元"的人。

首先,他的思想来源多元。他成年之前曾遍读朱熹之书,又接触过道教、佛教,对道教的养生哲学一度沉迷。遇见娄谅后,"折节"改习儒家经典,但仍未透彻,直到龙场一悟,才真正体会到格物致知之旨。黄宗羲说王阳明学成前经过"三变",学成后也经过"三变",便可知他知识来源的多样与思想角度的多层方向。

其次,阳明不是一般传统"书生"模样的人。他自幼喜欢兵书,少年登居庸关,便慨然有经略天下之志,之后勤练兵法,追逐骑射,心中偶像不是孔、孟,而是东汉"马革裹尸"的马援,也算奇事一桩。龙场悟道之后,原图在思想上更求精进,但平南、赣之乱耗掉他数年的时间。南、赣乱平,又碰到更严重的宸濠之乱。宸濠之乱足以影响到明朝的绝续存亡,情况比南、赣之乱更为严峻,但最后也被阳明平定。之后因丁忧在家,躲过了朝廷改元之际的政争。他在家乡过了几年平静的生活,却又碰上远在广西的思、田地区少数民族发生动乱。朝廷命已患重病的阳明克期南征,他只得再度披上战袍,将几十年垂百年的南方动乱给平定了,却不幸病逝于归途。

阳明在日本明治维新运动中扮演着一定的角色,在日本人心中,阳明的"事功"比他的良知哲学贡献更大。日本人研究阳明,偏重于其良知学在经世济民的层面的发展,论起阳明学确然不能否认其中有强烈的事功成分。《庄子·天下篇》云:"是故内圣外王之道,暗而不明,郁而不发,天下之人各为其所欲焉,以自为方。"世以"内圣外王"称许学问道德发展的最高境,张载说过:"为天地立心,为生民立命,为往圣继绝学,为万世开太平。"(《张子全书序》)"外王"即是"为万世开太平"的最高境界。阳明在中国读书人中是很少的例证,有机会实践其"外王"的理想,并且确实有成。

这说明阳明本身与阳明学的"多方"层面,为传统儒者所不及。阳明讲"知行合一",亦有机会"践履"他的知识,而且践履得十分成功,他的"知"当然值得探索,他的"行",不论从内容还是形式上看都比一般人的"行"要丰富得多,当然更值得进一步研究。假如以儒家的成就来肯定阳明,阳明无疑将儒家的定义拓展得更多元化了。

从个性上言,阳明自少就如《年谱》所说"豪迈不羁"。所谓"豪迈",就是行事可能比别人奔放一些;所谓"不羁",是指自由不受约束,往往任性而行。阳明少时否定塾师言读书登第为第一等事,以及登居庸关时的感悟,都显示出他自少年时即有的豪迈之胸襟。他三十五岁时为戴铣、薄彦徽等以谏忤旨而抗疏,不惜得罪刚就位的明武宗朱厚照及其四周的鹰犬,结果是下诏狱、遭廷杖而被贬谪龙场,可见他当时有准备为正义而付出一切的想法。在平定宸濠之乱后,武宗亲征,阳明公然不顾皇帝的颜面，不愿配合演出荒诞的闹剧，毅然将虏获的宸濠交给张永之后便匆匆离职。几年之后，他在平定思、田的乱事后，也是在请假未获准的状况下，断然擅离职守。阳明在事功的表现上，往往注意到极细极微的部分，如在平乱前要如何编伍行阵，又要如何筹措军饷，几乎不出任何纰漏。乱平之后又要引导地方自治，推动社会教化，多兴土宜，每件事他都安排处理得相当周洽，可见阳明从不潦草将事，是个心思细密之人。但他对个人的去就荣辱，往往显得任性，不自顾惜，这也算奇特。

朱熹曾形容陶渊明，说："陶（诗）却是有力，但语健而意闲，隐者多是带气负性之人为之。"（《朱子语类》卷一百四十）朱熹似乎深契渊明之心，知道陶诗在平淡的表面之下，其实是有着一股热肠，偶尔会流露出其不羁之气。在朱熹眼中，陶并不是个自隐田园、不顾人间是非的汉子。所谓"带气负性"，是指一个人有自己的个性，行事有时克制不了冲动，平日修养很好，却不免还带有点意气的成分，当意气一出，常会不顾一切。

阳明与朱熹形容的渊明一样，在某些部分，他也是个"带气负性"的人。但阳明的"带气负性"只放在自己的前程上，对官场的起落、对自己仕途的升降似乎毫不在乎。

在人生的一些关节点，阳明往往会任"带气负性"的状况一再发生。他某些行事风格，使世俗对其"晚节"评论产生了影响，但既然是意气，也是个性，总改不了的。这也使得阳明学的解释，有时也得逸出一般的论学范围，不得不注意一些学术之外的其他问题。

譬如,一次阳明和几位大弟子相聚,讨论良知之学在世上争论不休的问题,这次阳明有点动气,他说:"我今信得这良知真是真非,信手行去,更不着些覆藏。我今才做得个狂者的胸次,使天下之人都说我行不掩言也罢。"(《传习录》)阳明的这席话,就带着浓厚的"带气负性"的成分,非常接近你说我是"狂者",我便狂给你看,你说我"行不掩言",我便更为"行不掩言"了。语气像一个倔强、赌气的孩子,不忌说自暴自弃的话。又如他写《朱子晚年定论》,便是不经罗钦顺指出,自己也知道其中所引朱熹的话不见得皆出于晚年。经罗指陈历历,便顺势更正可也,而阳明却坚持自己的立场,毫不动摇。他在《答罗整庵少宰书》中谓:"中间年岁早晚,诚有所未考,虽不必尽出于晚年,固多出于晚年者矣。"(《传习录》)可见他自己并非不知道问题所在,却搬出"不忍牴牾"与"不得已与之牴牾"的遁词强作辩解。老实说,他错了,但却不去更改,这也是受"带气负性"性格的影响。

问题是这些性格上的成分,有没有影响到他"良知说"的成立呢? 答案是,并没有。他的"良知说",反而因为他偶尔呈现的"意气"而显得更为鲜活,更具有生存感与说服力,这一点很像孟子。

阳明的"良知说"脱胎于孟子的"性善说",这是不容怀疑的。孟子讲仁、义、礼、智"四端",认为这是人生而就有的,是人的本能。孟子说:"人之有是四端,犹其有四体也。有是四端,而自谓不能者,自贼者也。"又说:"凡有四端于我者,知皆扩而充之矣,若火之始然,泉之始达。"(《孟子·公孙丑上》)跟阳明所说良知存在的现象,与孟子的推论如出一辙。如阳明在《大学问》中言良知乃"天命之性,吾心之本体,自然灵明昭觉者也。凡意念之发,吾心之良知,无有不自知者。其善欤,惟吾心之良知自知之;其不善欤,亦惟吾心之良知自知之"。另外,孟子也有强烈的逞"意气"的成分,他批评杨、墨说:"杨氏为我,是无君也。墨氏兼爱,是无父也。无父无君,是禽兽也。"(《孟子·滕文公下》)说君、臣之道:"君之视臣如土芥,则臣视君如寇雠。"(《孟子·离娄下》)这类语言都充满了个人的"意气",语气也不是很持平的。但这些有意气的语言,使得孟子的文章波澜壮阔,连带使得他的思想也显得是非分明而又坚强有力了。

阳明的"良知说"之深入人心,除了合理之外,还源于他说理的语言有力又动人。阳明善比喻,这点与孟子的"土芥""寇雠"之喻很像。徐爱问孝,他答:"譬之树木,这诚孝的心便是根,许多条件便是枝叶,须先有根然后有枝叶,不是先寻了枝叶然后去种根。"(《传习录》)其答罗整庵说:"求之于心而非也,虽其言之出于孔子,不敢以为是也。"(《答罗整庵少宰书》)阳明皆用词惊悚又有说服力,在言谈文章中不忌意气流露,跌宕生姿。当然,这对他在思想上的成就算是余事,但也得注意,意气的起伏,有时是研究王学消长的关键。

阳明提出"良知说",就中国传统的道德哲学而言,他抛弃了繁复知识的纠缠,有直探人心之本源的贡献。他认为知行应该合一,不能实践的知没有意义。他说:"见好色属知,好好色属行,只见那好色时已自好了,不是见了后又立个心去好。"(《传习录》)当然他的"知"是专指道德的"知"。又如解释心外无物,阳明说:"身之主宰便是心,心之所发便是意,意之本体便是知,意之所在便是物。如意在于事亲,即事亲便是一物;意在于事君,即事君便是一物;意在于仁民爱物,即仁民爱物便是一物;意在于视听言动,即视听言动便是一物。所以某说无心外之理,无心外之物。《中庸》言'不诚无物',《大学》'明明德'之功,只是个诚意。诚意之功,只是个格物。"(《传习录》)这些话都说得简捷精当又鞭辟入里,是善于言说的好例子。

当然,阳明在哲学上展现的魅力,不仅在于他杰出的语言能力,还在于他人格上偶尔的"带性负气",更在于他简易的哲学运动,让消沉已久的传统社会动了起来。阳明非常喜欢讲学,他喜欢与学生在一起生活,这一点与之前的朱熹,与更早的孟子、孔子一样,他们主要的贡献在以新知启迪后进,要让世界变得比之前更好。《传习录》中有段记录:

> 先生初归越时,朋友踪迹尚寥落。既后四方来游者日进。癸未年(嘉靖二年,时阳明五十二岁)已后,环先生而居者比屋,如天妃、光相诸刹,每当一室,常合食者数十人;夜无卧处,更相就席;歌声彻昏旦。南镇、禹穴、阳明洞诸山,远近寺刹,徒足所到,无非同志游寓所在。先生每临讲座,前后左右环坐而听者常不下数百人,送往迎来,月无虚日。

此段记的是在越讲学之盛。其实阳明自龙场之后,跟随他的学生便不少,后来至滁、至越,讲习规模更大,门下弟子益多,非常接近朱熹、孟子与孔子的风格。与他们不同的是,阳明甚至在战阵之间，也有学生跟随，学生常听阳明调遣，帮他处理一些公私事务。阳明对学生的影响与感格，不光在学术层面，更在于整体的人生。

这是中国德教的传统，不仅重视言教，更重视身教，因为德教必须展现在行为中。这是为什么阳明要主张知行合一，而孔子要说"行有余力，则以学文"的道理。

当然，谈起阳明学不得不谈阳明与佛学的关系。阳明几次严正驳斥过，他不否认自己早年曾接触过佛教、道教，但自己的良知学并不与佛、道有关，而是真正儒门的心性之学。

其实中国传统学术，从魏晋之后，就不断受到佛教、道教的影响，有时是儒学受佛、道的影响多些，有时是佛、道受儒学影响多些，这叫思想交涉与交融，这种现象在文化史上是很普遍的。佛教传入中国后，变成了"中国式"的佛教（禅宗），就是很好的例子。唐代自中叶后佛教昌盛也是事实，韩愈写《原道》，建议以"人其人，火其书，庐其居"来对付佛、道，可知当时社会"不入于老，则入于佛"的严重性。到了宋代，儒者试图"重建"儒学的地位，所标榜的"理学"，其实是以儒家义理学为核心的学问。但"理学"之名目，不是没有争议的。清初有很多人反对宋人所倡的理学，如顾炎武便在《与施愚山书》中说："理学之名，自宋人始有之。古之所谓理学者，经学也。"因而又有"舍经学无理学"之推论。为什么顾炎武有此论？这是因为宋儒的理学，在顾氏看来并不纯粹，其中有很多不是源自儒家，而显然是"外来"的成分。在他看来，要复兴儒学别无途径，只有振兴儒家的经学才对，便有了"舍经学无理学"的呼吁。

黄宗羲曾说：

> 然致良知一语，发自晚年，未及与学者深究其旨，后来门下各以意见搀和，说玄说妙，几同射覆，非复立言之本意。（《明儒学案》卷十《姚江学案》）

黄宗羲的老师刘宗周说：

> 先生承绝学于词章训诂之后，一反求诸心，而得其所性之觉曰"良知"，因示人以求端用力之要，曰"致良知"。良知为知，见知不囿于闻见；致良知为行，见行不滞于方隅。即知即行，即心即物，即动即静，即体即用，即工夫即本体，即下即上，无之不一，以救学者支离眩鹜、务华而绝根之病，可谓震霆启寐，烈耀破迷，自孔、孟以来，未有若此之深切著明者也。特其与朱子之说不无牴牾，而所极力表章者乃在陆象山，遂疑其或出于禅。禅则先生固尝逃之，后乃觉其非而去之矣。夫一者，诚也，天之道也。诚之者，明也，人之道也，致良知是也。因明至诚，以人合天之谓圣，禅有乎哉！即象山本心之说，疑其为良知之所自来，而求本心于良知，指点更为亲切。合致知于格物，工夫确有循持，较之象山，混人道一心，即本心而求悟者，不犹有毫厘之辨乎？先生之言曰："良知即是独知时。"本非玄妙，后人强作玄妙观，故近禅，殊非先生本旨。（《明儒学案》卷前《师说·王阳明守仁》）

这段话十分重要，几乎成为后世对阳明的定评。黄宗羲说得很清楚，阳明学如果近禅，这应该不是阳明的本意，而是出自别人的附会。何况宋明以来的理学或心学，严格说来，都多少掺杂了些佛学的思考方法或语言。顾炎武在《日知录》中批评了朱熹的《中庸章句》，说："《中庸章句》引程子之言曰'此篇乃孔门传授心法'，亦是借用释氏之言，不无可酌。"连程子解释《中庸》都用了佛家的用语，可见唐宋之后的中国文化，无论讨论哲学还是文学，要避开佛教，不受佛教的丝毫影响是绝不可能的。清初的颜元（号习斋，1635—1704）在《朱子语类评》中说："朱子教人半日静坐，半日读书，无异于半日当和尚，半日当汉儒；试问一日十二时辰，那一刻是尧、舜、周、孔？"可见宋明以来，儒佛混杂得厉害，有些时候，真不好分辨。刘宗周评阳明说："震霆启寐，烈耀破迷，自孔、孟以来，未有若此之深切著明者也。"把阳明推到孔、孟一样至高无上的地位。但文中屡说阳明近禅"殊非先生本旨"，可见阳明学到了后来解释互异，埋下歧异分化的伏笔。

## 四、结论

阳明最大的贡献在于选择掌握思想最紧要的部分，他认为一个人思想的最紧要部分就是"良知"。所谓"良知"，是指一个人修养最重要的核心，这个核心是所有人一直存在着的，无须外求。他在青年时代，曾用先儒所示的烦琐功夫以求知，徒劳的格竹子便是例子（其实是一场误会），但这场误会对阳明学的开展很有作用,让他知道犯过的错不要再犯。他后来又提出"知行合一"的口号,对"格物""致知"二词有了新解。照阳明的说法,格物是行事的意思,致知是致良知,因此"格物致知"就是知行合一,再结合《大学》后面的诚意、正心与修齐治平,就显得更浑沦顺适了。阳明此说一出,有将千古疑云一扫而空的感觉,这是阳明学最重要的贡献。

在思想史上,阳明的贡献可与西方宗教改革时的杨·胡斯(又译作约翰·胡斯,Jan Hus,1369—1415)与马丁·路德比拟。在宗教改革之前,有关神的意向与人间的立法,都是罗马天主教的"教廷"说了才算的,被教会解释过的神高高在上,永远凌驾一切,而教会又被控制在一小撮人之手。出身教会神职的杨·胡斯首先提出对教会权力的怀疑,认为宗教的解释权不应限于教皇四周一小撮人,平民如得圣宠,也可用自己的方式解释《圣经》,但最后杨·胡斯在宗教法庭被判火刑处死。之后,马丁·路德也提出同样的意见,认为至少在崇拜上帝的宗教活动上,普罗的信众对教会不是只有匍匐捐输而已,他们对教会应有一定的发言权,也应施展自己来服务贡献教会。西方的宗教改革是沿袭文艺复兴"人"的觉醒之后的另一项重要的活动,之后,一般人的价值被普遍肯定,人在心灵上与行为上的差异也逐渐被接受。

中国并没有像西方一样权力强大的宗教,可以笼罩人类的心灵达千年之久,但在知识的掌握上面来说,知识分子一直有极高的便利性,在这种情况下,影响天下治乱的权柄,其实也只在皇帝周围一小撮知识分子的手里罢了。权力掌控在知识分子手中也许并无问题,只是掌控久了,也会形成一种独断的习气。这种独断往往不容其他的"道理"存在，最后使得知识分子认可的所谓客观的知识也变得僵化。

就在这一时刻，阳明学出现了。阳明说每人心中都有良知，你我的良知与圣贤的良知并无不同，他曾以金为喻，说金之良窳在成色不在多寡。他在《传习录》中答希渊问曾说："犹一两之金比之万镒，分两虽悬绝，而其到足色处可以无愧，故曰：人皆可以为尧、舜者以此。"每个人天赋都有黄金在心，有的成色足，有的成色稍有不足，不足的可由后来的锻炼而使足，由这个观点，孟子说的"人皆可以为尧、舜"是成立的。从这一点看来，阳明的"良知说"不仅仅是读书人、知识分子的学说，而是所有人用以增进信心的学说，只要努力，没人能阻挡你成为圣贤。前文举梁启超曾以西方哲学家康德比阳明，说两者"以良知为本体，以慎独为致之之功"相近。又杜维明以宗教家马丁·路德比阳明，并不是指阳明的哲学内容与他相同，而是指阳明跟他一样，以自己的主张鼓动起当时的风气，这股风气是乐观又积极的，让一般人都觉得自己有尊严，发现自己的存在有意义，从而在某种方式上，可以与之前不能企及的上帝（或圣贤）平起平坐。阳明跟孟子一样，喜欢以尧、舜相况，而阳明说的圣贤不是指高居于万民之上的帝王，而是心灵高尚、充满良知的普通人。以自己的方式成为世上最完美的角色，就是孟子说的"居天下之广居，立天下之正位，行天下之大道"的人，也是张载在《西铭》中说过的"故天地之塞，吾其体；天地之帅，吾其性"，如此堂堂正正又对自己有充分自信的人。

阳明的"良知说"让所有的人都"重拾"做人的信心，不受地位或知识之所限,这是阳明学对世人的最大贡献。在西方,自文艺复兴(14 世纪)之后有此或类似此主张的人不少,17 世纪之后,欧洲更有启蒙运动(Enlightenment)风起云涌,启人自觉、自由的呼声不绝于耳,著作如林,蔚为奇观,但在中国,有这么开阔思想的,大约以阳明为独步。

以上约略介绍阳明其人与学术。最后我想抄一段《明史》本传上的文字作收尾,这段文字写阳明死后几个子孙的遭遇,读来令人有一种不可名状的心情。文中言:

> 始守仁无子,育弟子正宪为后。晚年,生子正亿,二岁而孤。既长,袭锦衣副千户。隆庆初,袭新建伯,万历五年卒。子承勋嗣,督漕运二十年。子先进,无子,将以弟先达子业弘继。先达妻曰:"伯无子,爵自传吾夫,由父及子,爵安往?"先进怒,因育族子业洵为后。及承勋卒,先进未袭,死。业洵自以非嫡嗣,终当归爵先达,且虞其争,乃谤先达为乞养,而别推承勋弟子先通当嗣,屡争于朝,数十年不决。崇祯时,先达子业弘复与先通疏辨。而业洵兄业浩时为总督,所司惧忤业浩,竟以先通嗣。业弘愤,持疏入禁门诉,自刎不殊,执下狱,寻释。先通袭伯四年,流贼陷京师,被杀。

这段记录可以说不堪极了。阳明后世子孙为了争夺袭爵事,弄得场面十分难看,真使王家一门蒙羞,最后国破家亡,玉石俱焚,一切都成空了。读到此,令人不得不有司马迁在《伯夷列传》"天之报施善人,其何如哉"之叹。

　　阳明是天纵之才,功在天下,学术思想之影响也极为深远,却不保证其子孙都能继承遗志,克绍箕裘。阳明死后不久,王家早已失去阳明在时的光辉,明亡后更无论矣。这是我数百年后到兰亭,在日本人冈田武彦先生协助修复的阳明墓前凭吊时,心情极为寥落的原因。

# 后　记

　　阳明学其实很简单。阳明所标举的"良知"二字,是从孟子来的。孟子把"良知"与"良能"放在一起,比喻人的自觉与本能,阳明把"良知"与孟子说的"四端"结合起来,说人的"良知"就如同人都有的恻隐、羞恶、辞让、是非之心,而恻隐、羞恶、辞让、是非之心又是人的仁、义、礼、智四种道德的源头。孟子认为这"四端"人人都天生具足,是无须朝外去追求的,只须朝内心去找寻就够了。阳明延续了此派的朝内心追求的想法,所以称之为"心学"。"心学"有个特色是强调自我的重要,在集体意识强的时代或地域,此主张往往有革命性的作用。

　　阳明又主张知行合一,当然这也是道德哲学的范畴。他曾举《大学》"如好好色、如恶恶臭"为例,说:"见好色属知,好好色属行;只见好色时已自好了,不是见后又立个心去好。闻恶臭属知,恶恶臭属行;只闻恶臭时已自恶了,不是闻后别立个心去恶。"这些话都是针对宋儒把《中庸》里博学、审问、慎思、明辨与笃行分开来看所衍生的问题。他认为道德有关的知识与行为,应连成一体,是不可分的,他说:"我今说个知行合一，正要人晓得一念发动处便即是行了，发动处有不善，就将这不善的念克倒了，须要彻根彻底，不使那一念不善潜伏在胸中。此是我立言宗旨。"像这类关键性的话，他都说得明白妥帖，也很准确。

世上终有善人恶人之别，然而恶人也是有良知的，只是良知后来泯灭了，所以阳明晚年标举"致良知"，要把良知找回来。找回良知有很多方法，牵涉的问题也不少，但这个思维要你回头注意自己的心性，不要在外在事物上浪费精力，也没太令人费解之处。

总之，阳明学说白了就是一种简单的做人哲学，上天给了我善的禀赋，我只要找出它并好好发挥开来，人人都可以达到圣贤的地步，这也是孟子说过的"人皆可以为尧、舜"。

阳明最触动人心的话是："知是心之本体，心自然会知。见父母自然知孝，见兄自然知弟，见孺子入井自然知恻隐，此便是良知不假外求。"（《传习录》）重点是说良知人人都有，不假外求。又说："可知充天塞地，中间只有这个灵明，人只为形体自间隔了，我的灵明，便是天地鬼神的主宰。"他说的"灵明"就是指自己最高的自由意识，也可解释为自己内心深处的良知，这灵明得到机会，就会随时又随机地在我们身上涌现，它是世间一切真理与价值的判断基础。阳明说这话时斩钉截铁，毫不犹疑，可见他的自信。

他将知识分子与一般人的界限打破，肯定任何人都应该也能够参加知识与心灵的高贵活动。他最震撼人心的话是："夫学贵得之心。求之于心而非也，虽其言之出于孔子，不敢以为是也，而况其未及孔子者乎！求之于心而是也，虽其言之出于庸常,不敢以为非也,而况其出于孔子者乎!"(《传习录》)他不以语出于孔子为必是,不以语出于庸常为必非,可见他心中只有真理而无偶像。他又说:"与愚夫愚妇同的,是谓同德;与愚夫愚妇异的,是谓异端。"(《传习录》)这是他思想的社会倾向。

阳明跟传统的"士"不太一样,他一生除了在知识领域有所建树之外,还为国家平定了几个严重的乱事,建立了不少军功,这源于他既有才能又恰好有机缘。而他的军功也跟别人不同,每次平定了乱事,他除了在当地重建或新设书院,以培植人才之外,还广设乡约、社学,以推广平民教育。一次他在答人问"中人以下不可以语上"时说:"不是圣人终不与语。圣人的心,忧不得人人都做圣人。只是人的资质不同,施教不可躐等。中人以下的人,便与他说性、说命,他也不省得,也须慢慢琢磨他起来。"(《传习录》)他从不放弃"愚夫愚妇",说他们也许累积的知识不够,但可以"慢慢琢磨他起来",孟子说人皆可为圣贤,他认为也该包括"愚夫愚妇"。

阳明所提倡的,是一种含有觉醒意味的心灵的活动,原先也许只是为个人,但后来这种思潮逐渐影响社会,就变得十分复杂了。我不由得想起欧洲宗教改革,欧洲从胡斯到马丁·路德之后,宗教改革者有个很重要的思维就是"信众参与"。胡斯所建立的"圣杯教派",就是反对在弥撒中只有主祭的神父可以高举圣杯饮象征救主宝血的红葡萄酒,他认为信众也可以;马丁·路德则提倡信徒可上台证道演说,圣坛不专属于主教或司铎。他们的目的在于反对教廷把持一切,包括弥撒的礼仪与对教义的解释,主张信众都该有参与的机会。底下的人不再是被牧的羊群,而成了独立有思维的人,尽管宗教改革者所提的意见,仅限在宗教一方面,而其影响却不仅于此。

这种思想的基础跟阳明所说的很接近,只要把宗教改革者心中的"一般信众",换成阳明口中的"愚夫愚妇"就成了。我又想起另一个英国宗教家威廉·廷代尔。

廷代尔(William Tyndale,1494—1536)出生比阳明稍晚,但他们基本处在同一时代,那时英国还信仰天主教(英国"国教"还没从天主教分立出来)。当时教会有许多规定,是后世人想象不到的,其中包括《圣经》不准许有英文本,因为英文被认为是通俗又低贱的地方语言,不配用在《圣经》的传述上,教会使用的是拉丁文,《圣经》也只有拉丁文的。廷代尔自己也是神职人员,他对英国教会非常失望,因为大多数的神职人员不懂拉丁文,神学训练当然就很差,廷代尔想,何不译出英文本的《圣经》来呢? 他自省有翻译的能力,就想亲自动手来翻译《圣经》。

但廷代尔的构想受到教会与英国朝野反对,当时有法律规定,除非获得主教正式批准,任何人都不准碰触《圣经》,更不准阅读英文译本,认为那些译本都是邪魔外道,违者将被处死。廷代尔要想翻译必须获得当时主教滕斯托尔(Bishop Cuthbert Tunstall,1474—1559)的允许,但滕斯托尔处处设下关防,刁难他,也不见他,他只得偷偷做这件事。英国风声太紧了,他只得越海到了德国并寻求新教派(马丁·路德派)的协助,最后在比利时的安特卫普住下来,费尽力气,终把《圣经》译完。

滕斯托尔译完《圣经》,又在友人的帮助下印制了一定数量的经书，经各种途径运送回英国，却都被教会主持的法庭没收并烧毁，十年之间只得不停地再印再运。1535 年，隐居在安特卫普的廷代尔因友人出卖而被捕，当时伦敦的主教已换成更为严酷的斯托克斯利（John Stokesley，1475—1539）了，1536 年廷代尔在比利时布鲁塞尔以私译《圣经》的罪名被处死，勒毙后当众焚尸，死时他才四十二岁。据史书所记，现场观众叫好声雷动。

廷代尔的译本被法律所禁，其译本自身也不是没有问题的，写《乌托邦》（Utopia）一书的汤马斯·摩尔（Thomas More，1478—1535）就指责这译本错误百出，廷代尔也自认为译得不够完善。在廷代尔死了四年后，英国终于允许英文本的《圣经》上市了，这证明情势要是转变是谁也挡不住的。而流行的四种不同英文译本，大多是基于廷代尔的译本而译成的。

为什么要说这一段故事呢？廷代尔认为英国的一般民众都有阅读《圣经》的权力，也有了解基督教真义的必要，所以他将供在殿堂上仅有仪式功用的《圣经》译成一般英国人读得懂的英文。他的眼光与企图，仅限在基督教教义的宣导上，自然不如阳明说的"与愚夫愚妇同的，是谓同德"的意思深，阳明关怀的层面显然要比廷代尔的大得多，但他们都为下层民众设想，出发点是一样的。

这一套思想在中国其实来源很早，在《尚书》的时代，就有"天视自我民视，天听自我民听"的观念了，当时虽没有今天的民主制度，而"以民为主"的想法是很普遍的，所以阳明重视"愚夫愚妇"，主张人人具有良知，很容易被一般中国人接受。

但以为这是公理,任何地方都存在,那就错了,譬如在中国邻近的印度就是个例外。印度是个阶级意识分明的社会,严格的阶级是不容跨越的,佛教便产生在这个社会,所以印度佛教本身便带有强烈的阶级性,佛、菩萨、罗汉、声闻、帝释、比丘等,地位是完全不等的,由这些不同阶层所体察、所解释出来的佛教精义,也自然有高低深浅的差异,譬如佛或菩萨开口说话,比丘就算有再高明的意见也只得闭嘴。

这一点非常有趣,在《传习录》中,经常看到弟子与阳明为学理所作的争辩,有时甚至于有斗气的场面,这情形在《论语》《孟子》书中也可见到,可见平等观念一直深契中国人心。佛教传入中国不久,就受到中国的平等观念所影响,阶级意识逐渐消失了,变成讲万物皆有佛性、众生平等的观念了。我既有佛性,成佛的手段掌握在我自己手上,则一切便无须他求了,这跟阳明一派说的"现成良知"是一样的,主张完成自我便成了圣贤,在禅宗,就变成"放下屠刀,立地成佛"。禅宗谈的是佛教的道理,而这套说法其实不是来自印度,精确说不是来自印度的佛教,而纯粹是中国人才有的一套思维方式。

中国当然也有高、低层社会,阳明思想在中国社会也产生了革命性的作用,巩固了既有的平等思潮,这跟同时期欧洲所进行的宗教改革是完全不同的。就算是革命,阳明思想在中国产生的是启迪式的革命,而不是血淋淋式的革命,当时反对阳明思想的人也很多,但双方都很克制,也讲礼貌,在中国没有因主张不同而人头落地的现象,究其原因,是中国社会比同时期欧洲要更文明的缘故。假如把这种待人的方式视为维护"人权",中国在阳明的时代,要比同时期的西方维护人权的程度不知要高多少倍。

　　以上所说，是这本小书的许多杂感之一，这类的感想，要说是说不完的，就此打住吧。中国有中国的光荣与病痛，也有对应这些光荣与病痛的特殊方式，说不上必然是好或必然是坏。阳明学在中国是个思想上的启发，阳明生前死后，曾澎湃过一阵，但在后面的清代，几乎不再有人谈他，因为他之前的古典思想，又席卷了整个社会，阳明学便被冷在一边了，说起来有点可惜。不过潮起潮落，也是必然的现象，阳明学传到日本，局势却跟中国完全不一样，日本人将良知学与他们原有的尚武精神结合，刻苦自励又强调事功，让明治前后的日本风气为之大变，一度成为他们现代化的关键。

　　这本小书是广播讲稿改成的，听众是一般人，所以尽量做到口语化，要把事说得平易近人，有时不得不引用原文，也要选明白易晓的，不搬弄学问，故作虚玄，也不搞"退藏于密"那一套，所以全书不做烦琐的注解。又由于阳明的书还算普遍，寻之颇易，也就不用特别介绍了，所以书后没列参考书目。阳明学的论著很多，也容易看到，学者论文大多在小地方兜圈子，引证考据往往过于专门，外人读之困难，所谓治丝益棼是也，便也决定少引证他们的说法了，这样使全书清爽些，也许有利于大众阅读。

　　我在本书的"自序"中说过，此书原是应此间文化总会之邀而写，所订合约尚包括广播与出版两项，不料广播后，出版事迟无下文，大约时代在变，我辈着力无方，只能任风吹雨打吧。但想开了，也无须紧张，世上"鸿飞那复计东西"的事还少吗？我个性不喜稠密，相交清远，很多事不想说，知此书的人并不多，但因某种缘由，竟被中华书局上海公司知道了，他们表示想出此书，而且态度很积极。初得此消息，我十分惊讶，过了一段时日，却也安之若素了，大约取舍予夺之间，上天自有安排吧。

此书旨在说明我所知道的王阳明，我学问浅薄，也许说得不尽如人意，但自忖也算用了点心的。不论时代怎么变，我以为阳明之学，还是有存在的价值，而阳明这个人，也值得后世的我们关注。苏东坡有诗云："大木百围生远籁，朱弦三叹有遗音。"声音来源很远，也很微小，但不论是大木的远籁，或是朱弦的遗响，自有它的吸引力，终会被想听的人听到的，当然，此二者是就阳明的典型与垂范而言。

2021年霜降日之后记于台北永昌里旧居